电力企业后勤系统
绿色低碳发展探索

国网北京怀柔供电公司　组编

中国电力出版社
CHINA ELECTRIC POWER PRESS

内容提要

本书对电力企业后勤系统实现绿色低碳转型升级的背景、路径及其影响进行了系统性的分析，对过去的绿色低碳政策与发展成就进行回顾与总结，同时展望在"双碳"目标的引领下，电力企业后勤系统低碳发展将面临的新机遇、新挑战。全书核心内容从实现路径、措施做法、理论经验等角度，对如何实现电力企业绿色后勤展开论述。

本书适用于电力企业后勤系统工作人员使用，其他相关人员可供参考。

图书在版编目（CIP）数据

电力企业后勤系统绿色低碳发展探索/国网北京怀柔供电公司组编. —北京：中国电力出版社，2024.3
ISBN 978-7-5198-8763-6

Ⅰ．①电⋯ Ⅱ．①国⋯ Ⅲ．①电力工业－工业企业管理－后勤管理－研究－中国 Ⅳ．①F426.61

中国国家版本馆 CIP 数据核字（2024）第 061975 号

出版发行：中国电力出版社
地　　址：北京市东城区北京站西街 19 号（邮政编码 100005）
网　　址：http://www.cepp.sgcc.com.cn
责任编辑：孙建英（010-63412369）　董艳荣
责任校对：黄　蓓　朱丽芳
装帧设计：赵姗姗
责任印制：吴　迪

印　　刷：北京天泽润科贸有限公司
版　　次：2024 年 3 月第一版
印　　次：2024 年 3 月北京第一次印刷
开　　本：880 毫米×1230 毫米　32 开本
印　　张：5.125
字　　数：109 千字
定　　价：35.00 元

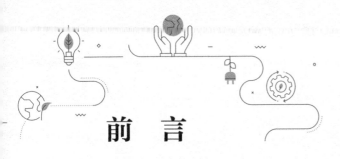

前　言

　　2023 年 8 月，世界气象组织等机构宣布，同年 7 月是有气象记录以来全球平均气温最高的月份，而且可能是 12 万年以来的最热月份。全球气候变化对人类社会的挑战正变得越来越严峻，世界上很多地方正在经历创纪录的高温干旱等极端天气气候事件。一时间极端天气重新引发人们对气候变化问题的思考。

　　哥白尼气候变化服务局主任卡洛·布翁滕波说，气温破纪录说明全球气温急剧上升的趋势，而人为温室气体排放是气温上升的主要驱动力。科学研究表明，过量的碳排放会导致全球气候变暖、温室效应，以及出现极端恶劣天气。控制碳排放量有长远且重要的发展意义。

　　作为控制碳排放量的主力军，电力企业是实现绿色低碳发展的关键一环。而探索电力企业后勤系统的绿色低碳转型，则能够从资源优化管理、节能降耗、提高资源利用率等方面为电力企业的低碳发展提供重要保障。电力企业后勤系统的绿色低碳转型面临什么样的形势和挑战？将迎来怎样的发展新机遇？如何实现电力企业后勤系统的绿色低碳升级？

　　为说明这些问题，本书对电力企业后勤系统实现绿色低碳转型升级的背景、路径及其影响进行了系统性的分析，对过去的绿色低碳政策与发展成就进行全面的回顾与总结，同时展望在"双碳"目标的引领下，电力企业后勤系统低碳发展将面临的新机遇、新挑战。本书共分六章讨论以下内容：

　　第 1 章从绿色低碳理念、政策的发展沿革出发，回顾全球应对气候变化的历程与协定，并对中国政府和电力企业的绿色低碳政策及发展成就进行总结和梳理。

"低碳""节约"是围绕后勤工作不可缺少的名词，对于电力企业来说，节能降耗、提质增效，都离不开后勤的管理与规范。第2章从电力企业后勤视角，介绍了电力企业后勤工作的现状与挑战，并结合低碳背景分析了电力企业后勤系统面临的形势和使命。

电力企业后勤系统的低碳转型有哪些实现路径？电力企业绿色后勤的重点在哪里？组织和运行机制如何在其中发挥作用？第3～5章从实现路径、措施做法、理论经验等角度，对如何实现电力企业绿色后勤展开论述，这也是全书的核心内容。其中，实现路径部分主要从组织架构清晰化、后勤体系智慧化、低碳管理规范化等方面探讨了电力企业后勤系统实现绿色升级的可能方向；措施做法部分从管理模式、规划先行、协同共促等方面阐述了实现电力企业绿色后勤的一些可行做法及其作用影响；理论经验部分则结合一些电力企业后勤部门的具体实践，更加深入论述电力企业后勤系统的绿色转型方式。

本书也描绘了电力企业绿色后勤的发展新机遇。第6章结合电力企业后勤系统目前的发展形势和面临的挑战，展望了电力企业绿色后勤的未来发展趋势和前景目标。

实现电力企业后勤系统的低碳发展不是一蹴而就的，绿色低碳的内涵与外延也一直在随着时代的发展而不断丰富。电力企业需要在实践中不断探索才能做好做实，为实现"双碳"目标"主战场"提供关键支撑。愿本书成为读者了解和学习电力企业绿色后勤的一本参考书、工具书。本书篇幅有限，难以面面俱到，未尽之处还请诸位读者见谅。

编　者

2024 年 2 月

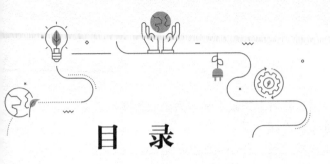

目　录

第1章

时代呼唤低碳，电力担当重任

1.1 世界低碳历史沿革

近年来，极端气候事件在全球越发频繁与猛烈。2022 年，法国、德国、西班牙和英国等欧洲多国遭遇历史性高温与热浪，2 万多人因此丧生；巴基斯坦遭受多轮暴雨与洪涝灾害，超过 30 万人流离失所；肯尼亚、索马里和埃塞俄比亚等非洲国家正面临十年来最严重旱灾，预计约 1500 万人受到严重影响……

气候变化问题是如何产生的？各国采取了哪些低碳行动以应对气候变化？这些都是值得思考的问题，也将有助于我们更好地应对全球气候变化，制定低碳措施，保护人类的生存和发展环境。

1.1.1 国际社会在高碳发展中产生的问题

1.1.1.1 温室气体排放量创"历史新高"

2023 年 6 月，50 位顶尖科学家在《地球系统科学数据》杂志上刊发论文称，过去 10 年，全球温室气体排放量创下"历史新高"，每年排放的二氧化碳高达 540 亿吨，导致全球以前所未有的速度变暖。

英国利兹大学普里斯特利气候未来中心主任皮尔斯·福斯特教授指出，全球的长期变暖率目前处于高位，罪魁祸首是有史以来最高水平的温室气体排放。面对气候变化，人们需要根据有关气候系统状况的最新证据来改变政策和方法。

最新分析的主要发现之一是剩余碳预算的下降速度。剩余碳预算指的是，为将全球气温上升控制在 1.5℃ 以内，还有多少碳可排放到大气中。2020 年联合国政府间气候变化专门委员会（IPCC）计算出，剩余碳预算约为 5000 亿吨二氧化碳，但到 2023 年初，这一数字降为 2500 亿吨。

福斯特表示，2015 年，《巴黎协定》规定，缔约国应把全球平均升温控制在比工业革命前水平高出 2℃ 之内，并努力限制在高出 1.5℃。尽管目前全球升温还没有达到 1.5℃ 的阈值，但碳预算很可能在几年内耗尽，因为全球面临三重变暖，分别由二氧化碳排放量高、其他温室气体排放量增加，以及污染减少导致，"世界必须更加努力和紧迫地降低排放"。

1.1.1.2 人类面临的下一个危机

全球气候变暖正在加速演进，气候系统更加不稳定，极端天气气候事件呈现频发、强发、广发特征。气候变化已成为 21 世纪人类生存和发展面临的重大挑战。

根据世界气象组织发布的《2022 年全球气候状况报告》，全球大气平均二氧化碳、甲烷和氧化亚氮 3 种主要温室气体浓度在 2021 年均达到有观测记录以来的最高水平。2022 年全球平均表面温度比工业化前（1850—1900 年平均值）高出 1.15℃，过去 8 年是自 1850 年有完整观测气象记录以来最暖的 8 个年份。

海洋热含量和全球平均海平面高度均再创历史新高。2022 年，海洋热含量创下新的观测记录，58% 的全球海洋表面发生海洋热浪。最近 10 年海平面上升速率（4.62 毫米/年）超过 1993—2002 年（2.27 毫米/年）的 2 倍。南极海冰范围于 2022 年 2 月 25 日降至 192 万平方公里，为有卫星记录以来的最低水平。2022 年阿尔卑斯山冰川厚度减薄 3～4 米，打破之前 2003 年的观测记录。

气候变暖对人类当代及未来生存发展造成严重威胁和挑战。全球范围内高影响极端天气气候事件频发，严重影响经济社会和自然生态环境。全球重大自然灾害发生频次总体呈增多趋势。世界气象组织报告显示，1970—2019 年极端天气、气候和水事件造成全球每天损失平均达 2.02 亿美元，累计损失 3.6 万亿美元。2010—2019 年报告损失数额是 1970—1979 年报告损失数额的 7 倍。

全球持续变暖，不仅意味着旱灾与洪灾增多、山火更加肆虐、海平面上升、物种灭绝加速等生态环境问题，更带来了粮食危机、"气候难民"激增、人类健康状况恶化等问题。比尔及梅琳达·盖茨基金会联席主席比尔·盖茨警告称，新冠疫情后，"气候灾难将成为人类面临的下一个危机"。

1.1.1.3 人类活动导致地球大气的组成变化

从地球发展历史看，气候总是在不断变化的。太阳辐射的变化、地球轨道的变化、火山活动、大气与海洋环流的变化等自然因素都会造成全球气候变化。但在一定时期，自然因素对气候变化影响有限，气候具有一定的稳定性。

然而，随着人类技术的进步，尤其工业革命极大提升了人类的生产力，带来了大规模的能源需求，大量的煤炭、石油等化石燃料被开采使用，释放出了大量的二氧化碳和其他温室气体，人类活动水平对气候变化的影响越来越突出。最新研究显示，陆地气温升高以及北半球热带海洋变暖始于 180 年前，全球变暖早在工业革命初期就开始了，这表明工

3

业革命后人类活动尤其大规模的化石能源使用是影响气候变
化的重要因素。在此背景下，科学界越来越多人士认为过量
温室气体排放是引起极端天气和气候变化的重要原因。

此后，随着历次工业革命的进行以及对能源需求的增
加，人类活动对气候变化的影响越来越突出，气候变化对人
类环境和生活的影响也越来越直接，人类生存的环境日益严
峻，气候变化问题逐渐得到世界各国的关注。因此，《联合国
气候变化框架公约》专门将气候变化限定为"由于直接或间
接的人类活动改变了地球大气的组成而造成的气候变化"。

1.1.2 绿色低碳理念的国际发展历程

气候变化问题天然具有全球性，应对气候变化就需要世
界各国合作及协调采取行动。1988 年，世界气象组织和联合
国环境规划署联合建立了政府间气候变化专门委员会
（IPCC），组织各国科研人士定期总结、分析和评估气候科学
相关研究的最新进展，为各国气候政策决策和国际气候谈判
提供参考。在此背景下，1991 年，联合国就制定《气候变化
框架公约》开始了多边国际谈判。1992 年，《联合国气候变
化框架公约》获得通过，成为全球应对气候变化合作的基本
框架。

此后，IPCC 先后发布了六次评估报告，为各国气候变化
谈判和采取行动提供了重要支撑。尤其是《京都议定书》《巴
黎协定》这两个具有法律约束力的协议。

1.1.2.1 《联合国气候变化框架公约》

20 世纪 80 年代以来，人类逐渐认识并日益重视气候变
化问题。为应对气候变化，1992 年 5 月 9 日通过了《联合国
气候变化框架公约》（简称《公约》）。《公约》于 1994 年 3 月

21 日生效。截至 2023 年 7 月，共有 198 个缔约方。我国于 1992 年 11 月 7 日经全国人大批准《联合国气候变化框架公约》，并于 1993 年 1 月 5 日将批准书交存联合国秘书长处。《公约》自 1994 年 3 月 21 日起对中国生效。《公约》自 1994 年 3 月 21 日起适用于澳门，1999 年 12 月澳门回归后继续适用。《公约》自 2003 年 5 月 5 日起适用于香港特区。

《公约》核心内容是：

（1）确立应对气候变化的最终目标。《公约》第 2 条规定："本公约以及缔约方会议可能通过的任何法律文书的最终目标是：将大气温室气体的浓度稳定在防止气候系统受到危险的人为干扰的水平上。这一水平应当在足以使生态系统能够可持续进行的时间范围内实现"。

（2）确立国际合作应对气候变化的基本原则，主要包括"共同但有区别的责任"原则、公平原则、各自能力原则和可持续发展原则等。

（3）明确发达国家应承担率先减排和向发展中国家提供资金技术支持的义务。《公约》附件一国家缔约方（发达国家和经济转型国家）应率先减排。附件二国家（发达国家）应向发展中国家提供资金和技术，帮助发展中国家应对气候变化。

（4）承认发展中国家有消除贫困、发展经济的优先需要。《公约》承认发展中国家的人均排放仍相对较低，因此在全球排放中所占的份额将增加，经济和社会发展以及消除贫困是发展中国家首要和压倒一切的优先任务。

1.1.2.2　《京都议定书》及其修正案

为加强《公约》实施，1997 年《公约》第三次缔约方会

议通过《京都议定书》（以下简称《议定书》）。《议定书》于
2005 年 2 月 16 日生效。截至 2023 年 7 月，共有 192 个缔约
方。我国于 1998 年 5 月 29 日签署并于 2002 年 8 月 30 日核
准《议定书》，《议定书》于 2005 年 2 月 16 日起对中国生效。
《议定书》于 2005 年 2 月 16 日起适用于中国香港特区，2008 年
1 月 14 日起适用于澳门特区。

2012 年多哈会议通过包含部分发达国家第二承诺期量
化减限排指标的《〈京都议定书〉多哈修正案》。第二承诺期
为期 8 年，于 2013 年 1 月 1 日起实施，至 2020 年 12 月 31
日结束。2014 年 6 月 2 日，中国常驻联合国副代表王民大使
向联合国秘书长交存了中国政府接受《京都议定书》多哈修
正案》的接受书。2020 年 10 月 28 日，共 147 个缔约方接受
多哈修正案，满足生效条件，修正案于 2020 年 12 月 31 日
生效。

《议定书》内容主要包括：

（1）附件一国家整体在 2008—2012 年间应将其年均温
室气体排放总量在 1990 年基础上至少减少 5%。欧盟 27 个
成员国、澳大利亚、挪威、瑞士、乌克兰等 37 个发达国家缔约
方和一个国家集团（欧盟）参加了第二承诺期，整体在 2013—
2020 年承诺期内将温室气体的全部排放量从 1990 年水平至
少减少 18%。

（2）减排多种温室气体。《议定书》规定的有二氧化碳、
甲烷、氧化亚氮、氢氟碳化物、全氟化碳和六氟化硫。《多哈
修正案》将三氟化氮纳入管控范围，使受管控的温室气体达
到 7 种。

（3）发达国家可采取"排放贸易""共同履行""清洁发

展机制"三种"灵活履约机制"作为完成减排义务的补充手段。

1.1.2.3　《巴黎协定》

2011 年，气候变化德班会议设立"强化行动德班平台特设工作组"，即"德班平台"，负责在《公约》下制定适用于所有缔约方的议定书、其他法律文书或具有法律约束力的成果。德班会议同时决定，相关谈判需于 2015 年结束，谈判成果将自 2020 年起开始实施。

2015 年 11 月 30 日—12 月 12 日，《公约》第 21 次缔约方大会暨《议定书》第 11 次缔约方大会（气候变化巴黎大会）在法国巴黎举行。包括中国国家主席习近平在内的 150 多个国家领导人出席大会开幕活动。巴黎大会最终达成《巴黎协定》，对 2020 年后应对气候变化国际机制作出安排，标志着全球应对气候变化进入新阶段。截至 2023 年 7 月，《巴黎协定》签署方达 195 个，缔约方达 195 个。中国于 2016 年 4 月 22 日签署《巴黎协定》，并于 2016 年 9 月 3 日批准《巴黎协定》。2016 年 11 月 4 日，《巴黎协定》正式生效。

2018 年 12 月，《公约》第 24 次缔约方大会、《议定书》第 14 次缔约方大会暨《巴黎协定》第 1 次缔约方会议第 3 阶段会议在波兰卡托维兹举行。经艰苦谈判，会议按计划通过《巴黎协定》实施细则一揽子决议，就如何履行《巴黎协定》"国家自主贡献"及其减缓、适应、资金、技术、透明度、遵约机制、全球盘点等实施细节作出具体安排，就履行协定相关义务分别制定细化导则、程序和时间表等，就市场机制等问题形成程序性决议。

《巴黎协定》主要内容包括：

（1）长期目标。重申 2℃的全球温升控制目标，同时提出要努力实现 1.5℃的目标，并且提出在 21 世纪下半叶实现温室气体人为排放与清除之间的平衡。

（2）国家自主贡献。各国应制定、通报并保持其"国家自主贡献"，通报频率是每五年一次。新的贡献应比上一次贡献有所加强，并反映该国可实现的最大力度。

（3）减缓。要求发达国家继续提出全经济范围绝对量减排目标，鼓励发展中国家根据自身国情逐步向全经济范围绝对量减排或限排目标迈进。

（4）资金。明确发达国家要继续向发展中国家提供资金支持，鼓励其他国家在自愿基础上出资。

（5）透明度。建立"强化"的透明度框架，重申遵循非侵入性、非惩罚性的原则，并为发展中国家提供灵活性。透明度的具体模式、程序和指南将由后续谈判制定。

（6）全球盘点。每五年进行定期盘点，推动各方不断提高行动力度，并于 2023 年进行首次全球盘点。

1.1.3 绿色低碳转型的国际案例

1.1.3.1 日本横滨－东京藤泽智慧低碳城市

日本是石油、煤炭和天然气等主要资源匮乏的国家，能源自给率仅 4%左右，日本所需石油的 99.7%、煤炭的 97.7%、天然气的 96.6%都依赖进口。

在遭受 20 世纪 70 年代石油危机重挫后，日本政府在国内广泛实施了节能及能源多元化战略，积极寻找污染很小或可再生的新能源。经过近 30 年的累积，日本经济对传统能源的依赖性大大降低。新能源开发利用展现出扭亏为盈的倍增趋势，使日本经济抵抗风险的能力不断增强，大大降低了对传统能源的依赖程度。日本在新能源应用领域拥有许多世界领先的技术，为日本发展低碳经济、实现低碳社会奠定了基础。

2008 年 6 月日本首相福田康夫提出日本新的防止全球气候变暖对策，即"福田蓝图"。蓝图指出日本温室气体减排的长期目标是：到 2050 年日本的温室气体排放量比目前减少60%～80%。2008 年 7 月 29 日的内阁会议通过了依据"福田蓝图"制定的"低碳社会行动计划"，提出了数字目标、具体措施及行动日程。

2008 年 7 月，日本政府"地区活性化统合总部"选定了横滨市、北九州市、富山市、北海道带广市、北海道下川町和熊本县水俣市 6 个市作为大幅减排温室气体的首批"环境示范城市"。这些示范城市均设定了至 2050 年为止将二氧化碳排放量减少 50% 以上的目标。具体措施包括推动节能住宅的普及、充分利用生物资源、建设以路面电车为中心的城市交通等。

日本创建"环境模范城市"的目的是打造低碳社会，以城市为单位推动生产生活方式转变和改善城市功能。举措包括减少垃圾数量、开展"绿色能源项目""零排放交通项目"和推广节能住宅等。有助于大力发展低碳技术，在实现城市发展的同时最大限度地减少对环境的危害。

日本藤泽智慧低碳城市位于东京以西 50 公里处，于 2012年开始开发，其在运作和管理过程中几乎没有二氧化碳排放，并能够为自身提供大量能源。

藤泽智慧低碳城市的一期工程面积为 19 万平方米，可容纳 3000 名居民（1000 套公寓），已于 2018 年完工。该项目采用了一系列清洁能源交通。

此外，该项目还设置了一系列监控系统以监测二氧化碳的排放量等。项目的一期工程已经实现了低碳城市的环境和能源目标，即通过可再生能源减少70%的二氧化碳排放、30%的能源消耗和30%的水的使用。

1.1.3.2 新加坡智能交通系统

根据世界经济论坛全球竞争力指数排名，新加坡在智能交通方面位列第三。新加坡低碳城市建设的亮点主要体现在清洁交通和运输方面。

2013年，新加坡政府制定了陆路交通总体规划，通过建造200公里的人行道将交通枢纽站点与住宅和公共服务设施连接起来。此外，私人开发商在进行项目开发时必须提交步行和骑行设施的相关规划和计划，否则项目将不予批准。此举有助于在家庭、公共服务设施和主要交通枢纽之间建立安全、方便的通行系统，将"第一公里"和"最后一公里"完美连接。这也将鼓励更多通勤者采取步行或骑行的方式出行，而非乘坐私人交通工具。到2040年，新加坡自行车道网络将从440公里扩大到1000多公里。此外，新加坡还开发设计了先进的智能交通系统（ITS），根据交通数据收集情况提出相应的碳减排战略方案，进而推进低碳交通的运行。

1.1.3.3 开罗迈向低碳城市之路

根据埃及《2030年愿景》和《可持续发展战略》，发展低碳智慧城市已被提上日程。这一战略的直接体现是规划建设在开罗以东的新行政首都（NAC）。

NAC已与低碳、智能的清洁交通网络相连，包括全长超过90公里（16个车站）、与另外两座城市相连接的轻轨。轻轨本身由货运和客运列车组成，轨道后期将连接埃及南北。

另外，埃及于 2020 年 12 月开工建设的高铁（534 公里，含货运和客运列车），始于埃及东部（Ain Sokhna/艾因苏赫纳），终到埃及西北部（El-Alamein city/阿拉曼市），也将 NAC 和其他 5 座城市串联起来。秉持零距离换乘理念新建设的 Adly Mansour 中央地铁站也能将 NAC 与全国所有城市和省份连接起来。此外，单轨列车（每个方向每小时运送约 45000 名乘客满负荷，共 90000 名乘客）和快速公交系统 BRT 的建设也是埃及低碳城市建设战略方案中的重要组成部分。

1.2　中国方案推动绿色低碳转型

1.2.1　中国低碳理念与政策的发展

中国早在 1990 年就参加了《公约》的谈判，并且是第一批签署《公约》的国家之一，也是最早批准《议定书》的国家之一。中国政府始终认为，节能减排是世界的需要，也是中国自身发展的需要，因此，从为人类负责、为国民负责的高度，中国承诺不重复发达国家高能耗、高排放、高污染的高碳发展老路，并克服种种困难，积极寻求减低碳排放、发展低碳经济之路。客观地看，在应对气候问题方面，中国用行动表现出了最大的合作诚意。

在 2009 年的联合国气候变化峰会上，时任中国国家主席胡锦涛发表了题为《携手应对气候变化挑战》的讲话，他在讲话中表示："中国愿同各国携手努力，共同为子孙后代创造更加美好的未来！"

在哥本哈根气候变化大会上，时任中国国务院总理温家宝作出承诺:到 2020 年,我国单位 GDP 的二氧化碳排放比 2005 年下降 40%～45%,作为约束性指标纳入国民经济和社会发展中长期规划,并制定相应的国内统计、监测、考核办法。这一减排目标远高于美国白宫前一天所提出的 17%的减排承诺。

1.2.1.1 "四个革命、一个合作"能源安全新战略

2014 年 6 月 13 日,习近平总书记在中央财经领导小组第六次会议上提出"四个革命、一个合作"能源安全新战略,引领我国能源行业发展进入了新时代。这一重大战略内涵丰富、立意高远,是我们党历史上关于能源安全战略最为系统完整的论述,代表了我国能源战略理论创新的新高度。实践证明,这一战略符合我国国情,顺应时代潮流,遵循能源规律,是习近平新时代中国特色社会主义思想在能源领域的重要体现和科学运用,是新时代指导我国能源转型发展的行动纲领。

1.2.1.2 "双碳"目标发布

2020 年 9 月 22 日,中国国家主席习近平在第七十五届联合国大会一般性辩论上宣布,中国的二氧化碳排放力争于 2030 年前达到峰值,努力争取 2060 年前实现碳中和。"双碳"目标由此正式成为国家战略。国家及各部委领导人多次在重要会议上提及碳达峰、碳中和目标,中央更是出台多项纲领性文件。

实现"双碳"目标,既是我国积极应对气候变化、推动构建人类命运共同体的责任担当,也是我国贯彻新发展理念、推动高质量发展的必然要求。"双碳"目标发布 3 年来,我国积极稳妥推进"双碳"工作,大力推动能源革命,推进产业

绿色低碳转型发展，倡导绿色生活方式，推进经济社会发展全面绿色转型。

1.2.1.3　碳达峰、碳中和"1＋N"政策体系

2021 年，《中共中央、国务院关于完整准确全面贯彻新发展理念做好碳达峰碳中和工作的意见》《2030 年前碳达峰行动方案》相继发布，为实现"双碳"目标作出顶层设计，明确了碳达峰、碳中和工作的时间表、路线图、施工图（见图 1-1）。

专栏1　碳达峰碳中和政策与行动

　　碳达峰碳中和"1+N"政策体系：《关于完整准确全面贯彻新发展理念做好碳达峰碳中和工作的意见》《2030年前碳达峰行动方案》共同构成中国推进碳达峰碳中和工作的顶层设计，与能源、工业、交通运输、城乡建设、钢铁、有色金属、水泥等重点领域、重点行业碳达峰实施方案，以及科技、财政、金融、标准、人才等支撑保障方案，共同构建起碳达峰碳中和"1+N"政策体系。

　　碳达峰十大行动：《2030年前碳达峰行动方案》部署开展能源绿色低碳转型行动、节能降碳增效行动、工业领域碳达峰行动、城乡建设碳达峰行动、交通运输绿色低碳行动、循环经济助力降碳行动、绿色低碳科技创新行动、碳汇能力巩固提升行动、绿色低碳全民行动、各地区梯次有序碳达峰行动等十大行动。

图 1-1　碳达峰、碳中和政策与行动

此后，能源、工业、城乡建设、交通运输、农业农村等重点领域实施方案，煤炭、石油天然气、钢铁、有色金属、石化化工、建材等重点行业实施方案，科技支撑、财政支持、统计核算、人才培养等支撑保障方案，以及 31 个省（区、市）碳达峰实施方案制定。

"总体上看，系列文件已构建起目标明确、分工合理、措施有力、衔接有序的碳达峰、碳中和'1＋N'政策体系，形成各方面共同推进的良好格局，为实现'双碳'目标提供源源不断的工作动能。"国家发展改革委资源节约和环境保护司司长刘德春说。

1.2.1.4 "十四五"现代能源体系规划

2022年1月，国家发展改革委、国家能源局印发《"十四五"现代能源体系规划》（以下简称《规划》），提出能源保障更加安全有力、能源低碳转型成效显著、能源系统效率大幅提高、创新发展能力显著增强、普遍服务水平持续提升等目标。《规划》主要阐明中国能源发展方针、主要目标和任务举措，是"十四五"时期加快构建现代能源体系、推动能源高质量发展的总体蓝图和行动纲领。

坚持节约优先方针，完善能源消耗总量和强度调控，夯实碳排放双控基础能力，高水平高质量开展节能工作，推动能耗双控逐步转向碳排放双控；构建统一规范的碳排放统计核算体系，将碳排放统计核算正式纳入国家统计调查制度……绿色低碳政策体系更加完善，"双碳"工作基础能力显著增强。

1.2.1.5 中国应对气候变化新理念

气候变化和绿色发展与人类长久生存发展息息相关，是人与自然和谐共生的关键所在。在共建"一带一路"倡议、全球发展倡议等中国方案推动下，中国正不断以行动引领各国凝聚共识，主动应对气候变化的严峻挑战，助力全球绿色发展事业取得积极进展。

中共十八大以来，在习近平新时代中国特色社会主义思想指引下，中国坚持绿水青山就是金山银山的理念，坚定不移走生态优先、绿色发展之路，促进经济社会发展全面绿色转型，建设人与自然和谐共生的现代化，创造了举世瞩目的生态奇迹和绿色发展奇迹，美丽中国建设迈出重大步伐。绿色成为新时代中国的鲜明底色，绿色发展成为中国式现代化的显著特征，广袤中华大地天更蓝、山更绿、水更清，人民享有更多、更普惠、更可持续的绿色福祉。中国的绿色发展，为地球增添了更多"中国绿"，扩大了全球绿色版图，既造福了中国，也造福了世界。

作为世界上最大的发展中国家，中国秉持人类命运共同体理念，坚定践行多边主义，提出全球发展倡议、全球安全倡议，深化务实合作，积极参与全球环境与气候治理，为落实联合国 2030 年可持续发展议程，推动全球可持续发展，共同构建人与自然生命共同体，共建繁荣清洁美丽的世界贡献了中国智慧、中国力量。

1.2.2 实施积极应对气候变化国家战略

中国是拥有 14 亿多人口的最大发展中国家，面临着发展经济、改善民生、污染治理、生态保护等一系列艰巨任务。尽管如此，为实现应对气候变化目标，中国迎难而上，积极制定和实施了一系列应对气候变化战略、法规、政策、标准与行动，推动中国应对气候变化实践不断取得新进步。

1.2.2.1 加强统筹协调规划

加强应对气候变化统筹协调。应对气候变化工作覆盖面广、涉及领域众多。为加强协调、形成合力，中国成立由国务院总理任组长，30 个相关部委为成员的国家应对气候变化及节能减排工作领导小组，各省（区、市）均成立了省级应对气候变化及节能减排工作领导小组。2021 年，为指导和统筹做好碳达峰、碳中和工作，中国成立碳达峰、碳中和工作领导小组。各省（区、市）陆续成立碳达峰、碳中和工作领导小组，加强地方碳达峰、碳中和工作统筹。

将应对气候变化纳入国民经济社会发展规划。自"十二五"开始，中国将单位国内生产总值（GDP）二氧化碳排放（碳排放强度）下降幅度作为约束性指标纳入国民经济和社会发展规划纲要，并明确应对气候变化的重点任务、重要领域和重大工程。中国"十四五"规划和 2035 年远景目标纲要将"2025 年单位 GDP 二氧化碳排放较 2020 年降低 18%"作为约束性指标。中国各省（区、市）均将应对气候变化作为"十四五"规划的重要内容，明确具体目标和工作任务。

建立应对气候变化目标分解落实机制。为确保规划目标落实，综合考虑各省（区、市）发展阶段、资源禀赋、战略定位、生态环保等因素，中国分类确定省级碳排放控制目标，并对省级政府开展控制温室气体排放目标责任进行考核，将其作为各省（区、市）主要负责人和领导班子综合考核评价、干部奖惩任免等重要依据。

不断强化自主贡献目标。2015 年，中国确定了到 2030 年的自主行动目标：二氧化碳排放 2030 年左右达到峰值并争取尽早达峰。截至 2019 年底，中国已经提前超额完成 2020 年气候行动目标。2020 年，中国宣布国家自主贡献新目标举措：中国二氧化碳排放力争于 2030 年前达到峰值，努力争取 2060 年前实现碳中和；到 2030 年，中国单位 GDP 二氧化碳排放将比 2005 年下降 65% 以上，非化石能源占一次能源消费比重将达到 25% 左右。2021 年，中国宣布不再新建境外煤电项目，展现中国应对气候变化的实际行动。

加快构建碳达峰、碳中和"1＋N"政策体系。中国制定并发布碳达峰、碳中和工作顶层设计文件，编制 2030 年前碳达峰行动方案，制定能源、工业、城乡建设、交通运输、农业农村等分领域分行业碳达峰实施方案，积极谋划科技、财政、金融、价格、碳汇、能源转型、减污降碳协同等保障方案，进一步明确碳达峰、碳中和的时间表、路线图、施工图，加快形成目标明确、分工合理、措施有力、衔接有序的政策体系和工作格局，全面推动碳达峰、碳中和各项工作取得积极成效。

1.2.2.2　推动绿色发展布局

实施减污降碳协同治理。2015 年修订的《中华人民共和国大气污染防治法》专门增加条款，为实施大气污染物和温室气体协同控制和开展减污降碳协同增效工作提供法治基础。中国围绕打好污染防治攻坚战，重点把蓝天保卫战、柴油货车治理、长江保护修复、渤海综合治理、城市黑臭水体治理、水源地保护、农业农村污染治理七场标志性重大战役作为突破口和"牛鼻子"，制定作战计划和方案，细化目标任务、重点举措和保障条件，以重点突破带动整体推进，推动生态环境质量明显改善。

加快形成绿色发展的空间格局。中国主动作为，精准施策，科学有序统筹布局农业、生态、城镇等功能空间，开展永久基本农田、生态保护红线、城镇开发边界"三条控制线"划定试点工作。将自然保护地，未纳入自然保护地但生态功能极重要、生态极脆弱的区域，以及具有潜在重要生态价值的区域划入生态保护红线，推动生态系统休养生息，提高固碳能力。

大力发展绿色低碳产业。建立健全绿色低碳循环发展经济体系，促进经济社会发展全面绿色转型，是解决资源环境生态问题的基础之策。为推动形成绿色发展方式和生活方式，中国制定国家战略性新兴产业发展规划，以绿色低碳技术创新和应用为重点，引导绿色消费，推广绿色产品，提升新能源汽车和新能源的应用比例，全面推进高效节能、先进环保和资源循环利用产业体系建设，推动新能源汽车、新能源和节能环保产业快速壮大，积极推进统一的绿色产品认证与标识体系建设，增加绿色产品供给，积极培育绿色市场。持续推进产业结构调整，发布并持续修订产业指导目录，引导社会投资方向，改造提升传统产业，推动制造业高质量发展，大力培育发展新兴产业，更有力支持节能环保、清洁生产、清洁能源等绿色低碳产业发展。

坚决遏制高耗能、高排放项目盲目发展。中国持续严格控制高耗能、高排放（以下简称"两高"）项目盲目扩张，依法依规淘汰落后产能，加快化解过剩产能。严格执行钢铁、铁合金、焦化等13个行业准入条件，提高在土地、环保、节能、技术、安全等方面的准入标准，落实国家差别电价政策，提高高耗能产品差别电价标准，扩大差别电价实施范围。公布12批重点工业行业淘汰落后产能企业名单，2018—2020年连续开展淘汰落后产能督查检查，持续推动落后产能依法依规退出。中国把坚决遏制"两高"项目盲目发展作为抓好碳达峰、碳中和工作的当务之急和重中之重，组织各地区全面梳理摸排"两高"项目，分类提出处置意见，开展"两高"项目专项检查，严肃查处违规建设运行的"两高"项目，对

"两高"项目实行清单管理、分类处置、动态监控。建立通报批评、用能预警、约谈问责等工作机制，逐步形成一套完善的制度体系和监管体系。

优化调整能源结构。能源领域是温室气体排放的主要来源，中国不断加大节能减排力度，加快能源结构调整，构建清洁低碳安全高效的能源体系。确立能源安全新战略，推动能源消费革命、供给革命、技术革命、体制革命，全方位加强国际合作，优先发展非化石能源，推进水电绿色发展，全面协调推进风电和太阳能发电开发，在确保安全的前提下有序发展核电，因地制宜发展生物质能、地热能和海洋能，全面提升可再生能源利用率。积极推动煤炭供给侧结构性改革，化解煤炭过剩产能，加强煤炭安全智能绿色开发和清洁高效开发利用，推动煤电行业清洁高效高质量发展，大力推动煤炭消费减量替代和散煤综合治理，推进终端用能领域以电代煤、以电代油。深化能源体制改革，促进能源资源高效配置。

强化能源节约与能效提升。为进一步强化节约能源和提升能效目标责任落实，中国实施能源消费强度和总量双控制度，设定省级能源消费强度和总量控制目标并进行监督考核。把节能指标纳入生态文明、绿色发展等绩效评价指标体系，引导转变发展理念。强化重点用能单位节能管理，组织实施节能重点工程，加强先进节能技术推广，发布煤炭、电力、钢铁、有色、石化、化工、建材等 13 个行业共 260 项重点节能技术。建立能效"领跑者"制度，健全能效标识制度，发布 15 批实行能源效率标识的产品目录及相关实施细则。加快推行合同能源管理，强化节能法规标准约束，发布实施 340 多项国家节能标准，积极推动节能产品认证，已颁发节能产品认证证书近 5 万张，助力节能行业发展。加强公共机构节能增效示范引领，35%左右的县级及以上党政机关建成节约型机关，中央国家机关本级全部建成节约型机关，累计创建5114 家节约型公共机构示范单位。加强工业领域节能，实施国家工业专项节能监察、工业节能诊断行动、通用设备能效提升行动及工业节能与绿色标准化行动等。加强需求侧管理，大力开展工业领域电力需求侧管理示范企业（园区）创建及参考产品（技术）遴选工作，实现用电管理可视化、自动化、智能化。

推动自然资源节约集约利用。为推进生态文明建设，中国把坚持节约资源和保护环境作为一项基本国策。大力节约集约利用资源，推动资源利用方式根本转变，深化增量安排与消化存量挂钩机制，改革土地计划管理方式，倒逼各省（区、市）下大力气盘活存量。严格土地使用标准控制，先后组织开展了公路、工业、光伏、机场等用地标准制修订工作，严格依据标准审核建设项目土地使用情况。开展节约集约用地考核评价，大力推广节地技术和节地模式。积极推动矿业绿色发展。加大绿色矿山建设力度，全面建立和实施矿产资源开采利用最低指标和"领跑者"指标管理制度，发布360 项矿产资源节约和综合利用先进适用技术。加强海洋资源用途管制，除国家重大项目外，全面禁止围填海。积极推进围填海历史遗留问题区域生态保护修复，严格保护自然岸线。

积极探索低碳发展新模式。中国积极探索低碳发展模式，鼓励地方、行业、企业因地制宜探索低碳发展路径，在能源、工业、建筑、交通等领域开展绿色低碳相关试点示范，初步形成了全方位、多层次的低碳试点体系。中国先后在 10 个省（市）和 77 个城市开展低碳试点工作，在组织领导、配套政策、市场机制、统计体系、评价考核、协同示范和合作交流等方面探索低碳发展模式和制度创新。试点地区碳排放强度下降幅度总体快于全国平均水平，形成了一批各具特色的低碳发展模式。

1.2.2.3 加大排放控制力度

中国将应对气候变化全面融入国家经济社会发展的总战略，采取积极措施，有效控制重点工业行业温室气体排放，推动城乡建设和建筑领域绿色低碳发展，构建绿色低碳交通体系，推动非二氧化碳温室气体减排，统筹推进山水林田湖草沙系统治理，严格落实相关举措，持续提升生态碳汇能力。

有效控制重点工业行业温室气体排放。强化钢铁、建材、化工、有色金属等重点行业能源消费及碳排放目标管理，实施低碳标杆引领计划，推动重点行业企业开展碳排放对标活动，推行绿色制造，推进工业绿色化改造。加强工业过程温室气体排放控制，通过原料替代、改善生产工艺、改进设备使用等措施积极控制工业过程温室气体排放。加强再生资源回收利用，提高资源利用效率，减少资源全生命周期二氧化碳排放。

推动城乡建设领域绿色低碳发展。建设节能低碳城市和相关基础设施，以绿色发展引领乡村振兴。推广绿色建筑，逐步完善绿色建筑评价标准体系。开展超低能耗、近零能耗建筑示范。推动既有居住建筑节能改造，提升公共建筑能效水平，加强可再生能源建筑应用。大力开展绿色低碳宜居村镇建设，结合农村危房改造开展建筑节能示范，引导农户建设节能农房，加快推进中国北方地区冬季清洁取暖。

构建绿色低碳交通体系。调整运输结构，减少大宗货物公路运输量，增加铁路和水路运输量。以"绿色货运配送示范城市"建设为契机，加快建立"集约、高效、绿色、智能"的城市货运配送服务体系。提升铁路电气化水平，推广天然气车船，完善充换电和加氢基础设施，加大新能源汽车推广应用力度，鼓励靠港船舶和民航飞机停靠期间使用岸电。完善绿色交通制度和标准，发布相关标准体系、行动计划和方案，在节能减碳等方面发布了 221 项标准，积极推动绿色出行，已有 100 多个城市开展了绿色出行创建行动，每年在全国组织开展绿色出行宣传月和公交出行宣传周活动。加快交通燃料替代和优化，推动交通排放标准与油品标准升级，通过信息化手段提升交通运输效率。

推动非二氧化碳温室气体减排。中国历来重视非二氧化碳温室气体排放，在《国家应对气候变化规划（2014－2020年）》及控制温室气体排放工作方案中都明确了控制非二氧化碳温室气体排放的具体政策措施。自 2014 年起对三氟甲烷（HFC-23）的处置给予财政补贴。截至 2019 年，共支付补贴约 14.17 亿元，累计削减 6.53 万吨 HFC-23，相当于减排 9.66亿吨二氧化碳当量。严格落实《消耗臭氧层物质管理条例》和《关于消耗臭氧层物质的蒙特利尔议定书》，加大环保制冷剂的研发，积极推动制冷剂再利用和无害化处理。引导企业加快转换为采用低全球增温潜势（GWP）制冷剂的空调生产线，加速淘汰氢氯氟碳化物制冷剂，限控氢氟碳化物的使用。成立"中国油气企业甲烷控排联盟"，推进全产业链甲烷控排行动。中国接受《〈关于消耗臭氧层物质的蒙特利尔议定书〉

基加利修正案》，保护臭氧层和应对气候变化进入新阶段。

持续提升生态碳汇能力。统筹推进山水林田湖草沙系统治理，深入开展大规模国土绿化行动，持续实施三北、长江等防护林和天然林保护，东北黑土地保护，高标准农田建设，湿地保护修复，退耕还林还草，草原生态修复，京津风沙源治理，荒漠化、石漠化综合治理等重点工程。稳步推进城乡绿化，科学开展森林抚育经营，精准提升森林质量，积极发展生物质能源，加强林草资源保护，持续增加林草资源总量，巩固提升森林、草原、湿地生态系统碳汇能力。构建以国家公园为主体的自然保护地体系，正式设立第一批 5 个国家公园，开展自然保护地整合优化。建立健全生态保护修复制度体系，统筹编制生态保护修复规划，实施蓝色海湾整治行动、海岸带保护修复工程、渤海综合治理攻坚战行动、红树林保护修复专项行动。开展长江干流和主要支流两侧、京津冀周边和汾渭平原重点城市、黄河流域重点地区等重点区域历史遗留矿山生态修复，对青藏高原、黄河、长江等 7 大重点区域布局生态保护和修复重大工程，支持 25 个山水林田湖草生态保护修复工程试点。出台社会资本参与整治修复的系列文件，努力建立市场化、多元化生态修复投入机制。中国提出的"划定生态保护红线，减缓和适应气候变化案例"成功入选联合国"基于自然的解决方案"全球 15 个精品案例，得到了国际社会的充分肯定和高度认可。

1.2.2.4 发挥市场机制作用

碳市场为处理好经济发展与碳减排关系提供了有效途径。全国碳排放权交易市场（以下简称全国碳市场）是利用市场机制控制和减少温室气体排放、推动绿色低碳发展的重大制度创新，也是落实中国二氧化碳排放达峰目标与碳中和愿景的重要政策工具。

开展碳排放权交易试点工作。碳市场可将温室气体控排责任压实到企业，利用市场机制发现合理碳价，引导碳排放资源的优化配置。2011 年 10 月，碳排放权交易地方试点工作在北京、天津、上海、重庆、广东、湖北、深圳 7 个省（市）启动。2013 年起，7 个试点碳市场陆续开始上线交易，覆盖了电力、钢铁、水泥 20 多个行业近 3000 家重点排放单位。截至 2021 年 9 月 30 日，7 个试点碳市场累计配额成交量 4.95 亿吨二氧化碳当量，成交额约 119.78 亿元。试点碳市场重点排放单位履约率保持较高水平，市场覆盖范围内碳排放总量和强度保持双降趋势，有效促进了企业温室气体减排，强化了社会各界低碳发展的意识。碳市场地方试点为全国碳市场建设摸索了制度，锻炼了人才，积累了经验，奠定了基础，为全国碳市场建设积累了宝贵经验。

持续推进全国碳市场制度体系建设。制度体系是推进碳市场建设的重要保障，为更好地推进完善碳交易市场，先后印发《全国碳排放权交易市场建设方案（发电行业）》，出台《碳排放权交易管理办法（试行）》，印发全国碳市场第一个履约周期配额分配方案。2021 年以来，陆续发布了企业温室气体排放报告、核查技术规范，以及碳排放权登记、交易、结算三项管理规则，初步构建起全国碳市场制度体系。积极推动《碳排放权交易管理暂行条例》立法进程，夯实碳排放权交易的法律基础，规范全国碳市场运行和管理的各重点环节。

启动全国碳市场上线交易。2021 年 7 月 16 日，全国碳市场上线交易正式启动。纳入发电行业重点排放单位 2162 家，覆盖约 45 亿吨二氧化碳排放量，是全球规模最大的碳市场。全国碳市场上线交易得到国内国际高度关注和积极评价。截至 2021 年 9 月 30 日，全国碳市场碳排放配额累计成交量约 1765 万吨，累计成交金额约 8.01 亿元，市场运行总体平稳有序。

建立温室气体自愿减排交易机制。为调动全社会自觉参与碳减排活动的积极性，体现交易主体的社会责任和低碳发展需求，促进能源消费和产业结构低碳化，2012 年，中国建立温室气体自愿减排交易机制。截至 2021 年 9 月 30 日，自愿减排交易累计成交量超过 3.34 亿吨二氧化碳当量，成交额逾 29.51 亿元，国家核证自愿减排量（CCER）已被用于碳排放权交易试点市场配额清缴抵销或公益性注销，有效促进了能源结构优化和生态保护补偿。

1.2.2.5　增强应对适应能力

广大发展中国家由于生态环境、产业结构和社会经济发展水平等方面的原因，适应气候变化的能力普遍较弱，比发达国家更易受到气候变化的不利影响。中国是全球气候变化的敏感区和影响显著区，中国把主动适应气候变化作为实施积极应对气候变化国家战略的重要内容，推进和实施适应气候变化重大战略，开展重点区域、重点领域适应气候变化行动，强化监测预警和防灾减灾能力，努力提高适应气候变化能力和水平。

推进和实施适应气候变化重大战略。为统筹开展适应气候变化工作，2013 年，中国制定了国家适应气候变化战略，明确了 2014—2020 年国家适应气候变化工作的指导思想和原则、主要目标，制定实施基础设施、农业、水资源、海岸带和相关海域、森林和其他生态系统、人体健康、旅游业和其他产业七大重点任务等。2020 年，中国启动编制《国家适应气候变化战略 2035》，着力加强统筹指导和沟通协调，强化气候变化影响观测评估，提升重点领域和关键脆弱区域适应气候变化能力。

开展重点区域适应气候变化行动。在城市地区，制定城市适应气候变化行动方案，开展海绵城市以及气候适应型城市试点，提升城市基础设施建设的气候韧性，通过城市组团式布局和绿廊、绿道、公园等城市绿化环境建设，有效缓解城市热岛效应和相关气候风险，提升国家交通网络对低温冰雪、洪涝、台风等极端天气适应能力。在沿海地区，组织开展年度全国海平面变化监测、影响调查与评估，严格管控围填海，加强滨海湿地保护，提高沿海重点地区抵御气候变化风险能力。在其他重点生态地区，开展青藏高原、西北农牧交错带、西南石漠化地区、长江与黄河流域等生态脆弱地区气候适应与生态修复工作，协同提高适应气候变化能力。

推进重点领域适应气候变化行动。在农业领域，加快转变农业发展方式，推进农业可持续发展，启动实施东北地区秸秆处理等农业绿色发展五大行动（即实施畜禽粪污染资源化利用行动、果菜茶有机肥替代化肥行动、东北地区秸秆处理行动、农膜回收行动和以长江为重点的水生生物保护行动等农业绿色发展五大行动），提升农业减排固碳能力。大力研发推广防灾减灾增产、气候资源利用等农业气象灾害防御和适应新技术，完成农业气象灾害风险区划 5000 多项。在林业和草原领域，因地制宜、适地适树科学造林绿化，优化造林模式，培育健康森林，全面提升林业适应气候变化能力。

加强各类林地的保护管理，构建以国家公园为主体的自然保护地体系，实施草原保护修复重大工程，恢复和增强草原生态功能。在水资源领域，完善防洪减灾体系，加强水利基础设施建设，提升水资源优化配置和水旱灾害防御能力。实施国家节水行动，建立水资源刚性约束制度，推进水资源消耗总量和强度双控，提高水资源集约节约利用水平。在公众健康领域，组织开展气候变化健康风险评估，提升中国适应气候变化保护人群健康能力。启动实施"健康环境促进行动"，开展气候敏感性疾病防控工作，加强应对气候变化卫生应急保障。

强化监测预警和防灾减灾能力。强化自然灾害风险监测、调查和评估，完善自然灾害监测预警预报和综合风险防范体系。建立了全国范围内多种气象灾害长时间序列灾情数据库，完成国家级精细化气象灾害风险预警业务平台建设。建立空天地一体化的自然灾害综合风险监测预警系统，定期发布全国自然灾害风险形势报告。发布综合防灾减灾规划，指导气候变化背景下防灾减灾救灾工作。实施自然灾害防治九项重点工程建设，推动自然灾害防治能力持续提升，重点加强强对流天气、冰川灾害、堰塞湖等监测预警和会商研判。发挥国土空间规划对提升自然灾害防治能力的基础性作用。实现基层气象防灾减灾标准化全国县（区）全覆盖。

1.2.2.6　提升支撑保障水平

中国高度重视应对气候变化支撑保障能力建设，不断完善温室气体排放统计核算体系，发挥绿色金融重要作用，提升科技创新支撑能力，积极推动应对气候变化技术转移转化。

完善温室气体排放统计核算体系。建立健全温室气体排放基础统计制度，提出涵盖气候变化及影响等 5 大类 36 个指标的应对气候变化统计指标体系，在此基础上构建应对气候变化统计报表制度，持续对统计报表进行整体更新与修订。编制国家温室气体清单，在已提交中华人民共和国气候变化初始国家信息通报的基础上，提交两次国家信息通报和两次两年更新报告。推动企业温室气体排放核算和报告，印发 24 个行业企业温室气体排放核算方法与报告指南，组织开展企业温室气体排放报告工作。碳达峰、碳中和工作领导小组办公室设立碳排放统计核算工作组，加快完善碳排放统计核算体系。

加强绿色金融支持。中国不断加大资金投入，支持应对气候变化工作。加强绿色金融顶层设计，先后在浙江、江西、广东、贵州、甘肃、新疆等六省（区）九地设立了绿色金融改革创新试验区，强化金融支持绿色低碳转型功能，引导试验区加快经验复制推广。出台气候投融资综合配套政策，统筹推进气候投融资标准体系建设，强化市场资金引导机制，推动气候投融资试点工作。大力发展绿色信贷，完善绿色债券配套政策，发布相关支持项目目录，有效引导社会资本支持应对气候变化。截至 2020 年末，中国绿色贷款余额为 11.95 万亿元，其中清洁能源贷款余额为 3.2 万亿元，绿色债券市场累计发行约 1.2 万亿元，存量规模达 8000 亿元，位于世界第二。

强化科技创新支撑。科技创新在发现、揭示和应对气候变化问题中发挥着基础性作用，在推动绿色低碳转型中将发挥关键性作用。中国先后发布应对气候变化相关科技创新专项规划、技术推广清单、绿色产业目录，全面部署了应对气候变化科技工作，持续开展应对气候变化基础科学研究，强化智库咨询支撑，加强低碳技术研发应用。国家重点研发计划开展 10 余个应对气候变化科技研发重大专项，积极推广温室气体削减和利用领域 143 项技术的应用。鼓励企业牵头绿色技术研发项目，支持绿色技术成果转移转化，建立综合性国家级绿色技术交易市场，引导企业采用先进适用的节能低碳新工艺和技术。成立二氧化碳捕集、利用与封存（以下简称 CCUS）创业技术创新战略联盟、CCUS 专委会等专门机构，持续推动 CCUS 领域技术进步、成果转化。

1.2.3　中国绿色发展成效

中国坚持创新、协调、绿色、开放、共享的新发展理念，立足国内、胸怀世界，以中国智慧和中国方案推动经济社会绿色低碳转型发展不断取得新成效。

1.2.3.1　经济发展与减污降碳协同效应凸显

中国坚定不移走绿色、低碳、可持续发展道路，致力于将绿色发展理念融汇到经济建设的各方面和全过程，在经济社会持续健康发展的同时，碳排放强度显著下降。2020 年中国碳排放强度比 2015 年下降 18.8%，比 2005 年下降 48.4%，超额完成了中国向国际社会承诺的到 2020 年下降 40%～45% 的目标，累计少排放二氧化碳约 58 亿吨，基本扭转了二氧化碳排放快速增长的局面。2012 年以来，中国以年均 3% 的能源消费增速支撑了年均 6.6% 的经济增长，2021 年万元国内生产总值能耗较 2012 年下降 26.4%。坚持精准治污、科学治污、依法治污，以解决人民群众反映强烈的大气、水、土壤污染等突出问题为重点，持续打好蓝天、碧水、净土保卫战。区域联防联控和重污染天气应对成效显著，全国地级及以上城市细颗粒物（$PM_{2.5}$）年均浓度由 2015 年的 46 微克/立方米降至 2021 年的 30 微克/立方米，空气质量优良天数比例达到 87.5%，成为全球大气质量改善速度最快的国家。工业、农业、生活污染源和水生态系统整治加快推进，饮用水安全得到有效保障，污染严重水体和不达标水体显著减少，2021 年全国地表水水质优良断面比例达到 84.9%。完善城乡环境基础建设见图 1-2。

专栏5 完善城乡环境基础设施

中国高度重视环境基础设施建设，着力补短板、强弱项、优布局、提品质，健全污水收集处理及资源化利用设施，大幅提升生活垃圾分类和处理能力，推进固体废物、危险废物、医疗废物安全有效处置，推动环境基础设施一体化、智能化、绿色化发展，构建集污水、垃圾、固体废物、危险废物、医疗废物处置设施和监测监管能力于一体的环境基础设施体系，形成由城市向建制镇和乡村延伸覆盖的环境基础设施网络。截至2021年底，城市和县城污水处理能力达2.47亿立方米/日；城镇生活垃圾焚烧处理能力超过77万吨/日，城镇生活垃圾无害化处理率接近100%。

图 1-2　完善城乡环境基础建设

1.2.3.2　能源生产和消费革命取得显著成效

中国坚定不移实施能源安全新战略，能源生产和利用方式发生重大变革，能源发展取得历史性成就，为服务高质量发展、打赢脱贫攻坚战和全面建成小康社会提供重要支撑，为应对气候变化、建设清洁美丽世界作出积极贡献。2011—2020 年中国二氧化碳排放强度和国内生产总值见图 1-3。

非化石能源快速发展。中国把非化石能源放在能源发展优先位置，大力开发利用非化石能源，推进能源绿色低碳转

型。截至 2021 年底，清洁能源消费比重由 2012 年的 14.5%
升至 25.5%，煤炭消费比重由 2012 年的 68.5%降至 56.0%；
可再生能源发电装机突破 10 亿千瓦，占总发电装机容量的
44.8%，其中水电、风电、光伏发电装机均超 3 亿千瓦，均
居世界第一。2012—2021 年中国可再生能源发电装机容量及
占比见图 1-4。

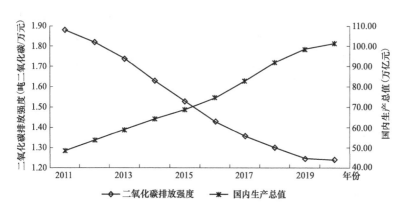

图 1-3 2011—2020 年中国二氧化碳排放强度和国内生产总值

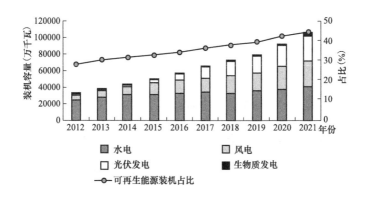

图 1-4 2012—2021 年中国可再生能源发电装机容量及占比

　　能耗强度显著降低。中国是全球能耗强度降低最快的国家之一，初步核算，2011—2020 年中国能耗强度累计下降 28.7%。中国煤电机组供电煤耗持续保持世界先进水平，截至 2020 年底，中国达到超低排放水平的煤电机组约 9.5 亿千瓦，节能改造规模超过 8 亿千瓦，火力发电厂平均供电煤耗降至 305.8 克标煤/千瓦时，较 2010 年下降超过 27 克标煤/千瓦时。据测算，供电能耗降低使 2020 年火力发电行业相比 2010 年减少二氧化碳排放 3.7 亿吨。2016—2020 年，中国发布强制性能耗限额标准 16 项，实现年节能量 7700 万吨标准煤，相当于减排二氧化碳 1.48 亿吨；发布强制性产品设备能效标准 26 项，实现年节电量 490 亿千瓦时。2011—2020 年中国能耗强度见图 1-5。

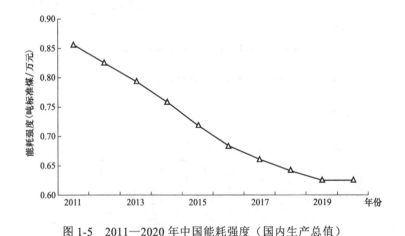

图 1-5　2011—2020 年中国能耗强度（国内生产总值）

　　能源消费结构向清洁低碳加速转化。为应对化石能源燃烧所带来的环境污染和气候变化问题，中国严控煤炭消费，煤炭消费占比持续明显下降，2020 年中国能源消费总量控制在 50 亿吨标准煤以内。截至 2020 年底，中国北方地区冬季清洁取暖率已提升到 60% 以上，京津冀及周边地区、汾渭平原累计完成散煤替代 2500 万户左右，削减散煤约 5000 万吨，据测算，相当于少排放二氧化碳约 9200 万吨。2011—2020 年中国煤炭消费量占能源消费总量比例见图 1-6。

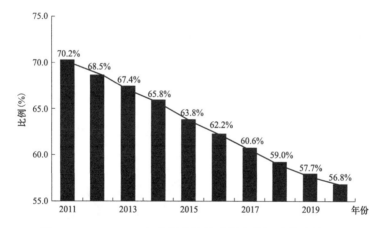

图 1-6　2011—2020 年中国煤炭消费量占能源消费总量比例

1.2.3.3　产业低碳化为绿色发展提供新动能

中国坚持把生态优先、绿色发展的要求落实到产业升级之中，持续推动产业绿色低碳化和绿色低碳产业化，努力走出了一条产业发展和环境保护双赢的生态文明发展新路。

产业结构进一步优化。应对气候变化为中国产业绿色低碳发展赋予新使命，带来新机遇。2020 年中国第三产业增加值占 GDP 比重达到 54.5%，比 2015 年提高 3.7 个百分点，高于第二产业 16.7 个百分点。节能环保等战略性新兴产业快速壮大并逐步成为支柱产业，高技术制造业增加值占规模以上工业增加值比重为 15.1%。

新能源产业蓬勃发展。随着新一轮科技革命和产业变革孕育兴起，新能源汽车产业正进入加速发展的新阶段。截至2021年底，中国新能源汽车保有量达到784万辆，占全球保有量的一半左右。中国风电、光伏发电设备制造形成了全球最完整的产业链，技术水平和制造规模居世界前列，新型储能产业链日趋完善，技术路线多元化发展，为全球能源清洁低碳转型提供了重要保障。2014—2021年中国新能源汽车销量和保有量见图1-7。

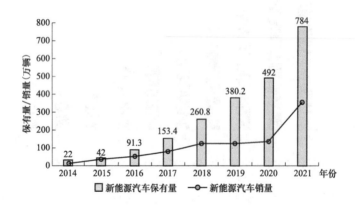

图1-7　2014—2021年中国新能源汽车销量和保有量

绿色节能建筑跨越式增长。以绿色发展理念为牵引，中国全面深入推进绿色建筑和建筑节能，充分释放建筑领域巨大的碳减排潜力。2012—2021年，城市建成区绿化覆盖率由39.22%提高到42.06%，人均公园绿地面积由11.8平方米提高到14.78平方米。大力发展绿色低碳建筑，推进既有建筑改造，建筑节能水平持续提高。2015—2021年中国城镇当年新建绿色建筑面积占比见图1-8。

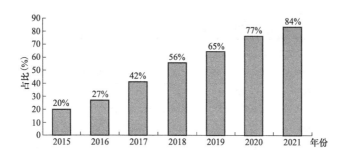

图 1-8　2015—2021 年中国城镇当年新建绿色建筑面积占比

　　绿色交通体系日益完善。中国坚定不移推进交通领域节能减排，走出了一条能耗排放做"减法"、经济发展做"加法"的新路子。综合运输网络不断完善，大宗货物运输"公转铁""公转水"、江海直达运输、多式联运发展持续推进；2021 年，铁路、水路货运量合计占比达到 24.56%，比 2012 年提高 3.85个百分点。

1.2.3.4　生态系统碳汇能力明显提高

　　中国坚持多措并举，有效发挥森林、草原、湿地、海洋、土壤、冻土等的固碳作用，持续巩固提升生态系统碳汇能力。中国是全球森林资源增长最多和人工造林面积最大的国家，成为全球"增绿"的主力军。2012—2021 年，中国累计完成造林 9.6 亿亩（1 亩≈667 平方米），防沙治沙 2.78 亿亩，种草改良 6 亿亩，新增和修复湿地 1200 多万亩。2021 年，中国森林覆盖率达到 24.02%，森林蓄积量达到 194.93 亿立方米，森林覆盖率和森林蓄积量连续 30 多年保持"双增长"，是全球森林资源增长最多和人工造林面积最大的国家。塞罕坝机械林场见图 1-9。

专栏3 荒漠变绿洲的典范——塞罕坝

塞罕坝位于中国河北省北部,距北京市约300公里。20世纪50年代,塞罕坝是黄沙肆虐、鸟无栖地的不毛之地。为改变"风沙紧逼北京城"的严峻形势,20世纪60年代初,中国组建了塞罕坝机械林场,一支由369人组成的创业队伍,开启了"为首都阻沙源、为京津涵水源"的拓荒之路。在"黄沙遮天日,飞鸟无栖树"的荒漠沙地上,几代塞罕坝人甘于奉献、持续奋斗,建成目前世界上面积最大的人工林,创造了荒原变林海的人间奇迹,为京津冀地区筑起了一道高质量发展的绿色屏障,成为中国乃至全世界荒漠治理的典范。

目前,塞罕坝林场森林面积为115.1万亩,活立木蓄积量为1036.8万立方米,每年涵养水源、净化淡水2.84亿立方米,有效防止水土流失,为京津冀地区高质量发展打下了良好的生态基础。在塞罕坝林场辐射带动下,周边区域生态苗木基地产业以及乡村旅游产业,直接为当地4000多名群众提供就业机会,带动周边4万多名群众受益。塞罕坝林场不仅释放出了巨大的生态效益,也不断影响和改变着周边群众的生产生活,彰显出强大的社会效益。

塞罕坝筑起的"绿色长城"获得了世界赞誉。2017年,塞罕坝林场获得联合国"地球卫士奖";2021年,获得联合国"土地生命奖"。

图 1-9 塞罕坝机械林场

1.2.3.5 绿色低碳生活成为新风尚

践行绿色生活已成为建设美丽中国的必要前提,也正在成为全社会共建美丽中国的自觉行动。中国长期开展"全国节能宣传周""全国低碳日""世界环境日"等活动,向社会公众普及气候变化知识,积极在国民教育体系中突出包括气候变化和绿色发展在内的生态文明教育,组织开展面向社会的应对气候变化培训。

广泛开展节约型机关、绿色家庭、绿色学校、绿色社区、绿色出行、绿色商场、绿色建筑等创建行动，将绿色生活理念普及推广到衣食住行游用等方方面面。截至 2023 年 1 月，全国 70%县级及以上党政机关建成节约型机关，近百所高校实现了水电能耗智能监管，109 个城市高质量参与绿色出行创建行动。在地级以上城市广泛开展生活垃圾分类工作，居民主动分类的习惯逐步形成，垃圾分类效果初步显现。颁布实施《中华人民共和国反食品浪费法》，大力推进粮食节约和反食品浪费工作，广泛深入开展"光盘"行动，节约粮食蔚然成风、成效显著。

1.3 电力企业：低碳发展主力军

1.3.1 发展低碳电力的重要性

在"双碳"目标下，国家要实现绿色可持续发展，离不开行业转型升级。在众多行业中，抓住高耗能、高排放行业，优先集中有限资源解决行业碳减排主要矛盾，是确保国家"双碳"目标达成的基础。

根据 IEA 公布的数据，从碳排放来源来看，我国碳排放主要来自电力企业，2021 年，我国来自电力企业的碳排放占全国排放总量的 48%；工业过程碳排放量占 36%；交通及建筑领域碳排放占比分别为 8%和 5%（见图 1-10）。

1.3.1.1 碳减排的主力军

电力企业是碳减排的主力军，对于低碳经济的实施与发展具有重要影响。同时，电力企业的减排潜力巨大，优化空间明显。只有大力发展低碳电力，才能实现国民经济向低碳经济的转变。

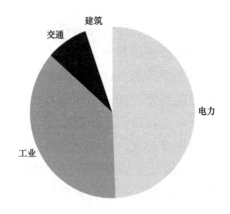

图 1-10　2021 年中国碳排放来源结构

1.3.1.2 实现"双碳"目标的重要途径

电力企业作为碳排放的重要一环,其低碳发展对实现我国"双碳"目标具有重大作用。促进电力系统低碳发展既是挑战也是机遇,电力企业要有发展转型的紧迫感和责任感,为国家的能源转型作出积极贡献。

1.3.1.3 电力可持续发展的重要渠道

发展低碳电力,是实现电力企业可持续发展的重要渠道。长期以煤为主的能源结构给我国带来了比较严重的环境问题。低碳电力以降低碳排放为重要目标,有利于改善能源结构。

首先,改变我国当前对于化石能源,尤其对煤炭的依存度太高的状况,从而实现能源结构的多元化,形成清洁的能源供应体系;其次,发展低碳电力有利于促进发电技术更新换代,提高能效,引入各种清洁发电技术,降低污染;最后,发展低碳经济有利于提高电能生产、传输与消费的效率,减缓能源资源的消耗。

1.3.1.4 经济发展的关键推动力

发展低碳电力，是我国经济发展的关键推动力。低碳电力将推动我国发展节能技术、碳捕获和储存技术，开发利用风能、太阳能等可再生能源，提高电力设施效率等。同时，可以创造就业机会，带动经济的新一轮增长。

1.3.2 电力企业低碳政策与做法

1.3.2.1 电力企业低碳政策

（1）可再生能源从能源绿色低碳转型的生力军跃升为主力军。2021 年上半年召开的中央财经委员会第九次会议指出：构建清洁低碳安全高效的能源体系，控制化石能源总量，着力提高利用效能，实施可再生能源替代行动，深化电力体制改革，构建以新能源为主体的新型电力系统。《关于 2021 年风电、光伏发电开发建设有关事项的通知》和《关于 2021 年新能源上网电价政策有关事项的通知》等文件，分别提出"全国风电、光伏发电量占全社会用电量的比重达到 11% 左右"和"2021 年起对新备案集中式光伏电站、工商业分布式光伏项目和新核准陆上风电项目直接执行当地燃煤发电基准价"。至此，2021 年陆上风电、光伏发电实现平价上网。

（2）通过储能来应对新能源引入的挑战。风电、光伏装机比例快速上升，其波动性和季节性对电网安全造成冲击，储能发展有利于建立新能源消纳长效机制。2021 年 7—8 月，国家陆续出台《关于加快推动新型储能发展的指导意见》《关于进一步完善分时电价机制的通知》和《电化学储能电站安全管理暂行办法（征求意见稿）》等文件，明确 2025 年新型储能装机总规模达 30 吉瓦以上的量化目标，优化分时电价结构和完善电化学储能站安全管理，推动储能产业有序发展。

（3）市场交易机制逐步完善中，拓宽终端电力用户减排路径。绿证是指向符合资格的可再生能源发电企业颁发的电子凭证。绿证交易自 2017 年推出以来已四年有余，但一直交易低迷。到 2021 年 9 月，国家推动开展绿色电力交易试点工作，积极引导有绿色电力需求的用户直接与发电企业开展交易，目前首批绿色电力集中交易正式达成。施耐德电气也在第一时间响应了该政策，承诺其在上海的五家工厂全年用电量的 88%将采购绿电。随着新能源平价上网项目渐成主流，绿电交易市场规模有望大幅增长。

《中华人民共和国国民经济和社会发展第十四个五年规划和 2035 年远景目标纲要》有关电力内容见表 1-1。

表 1-1《中华人民共和国国民经济和社会发展第十四个五年规划和 2035 年远景目标纲要》有关电力内容

政策目标	主要内容
深入实施制造强国战略	推进制造业补链强链。巩固提升电力装备、新能源等领域全产业链竞争力，从符合未来产业变革方向的整机产品入手打造战略性全局性产业链
发展壮大战略性新兴产业	聚焦新能源、新能源汽车等战略性新兴产业，加快关键核心技术创新应用。在氢能与储能等前沿科技和产业变革领域，前瞻谋划布局一批未来产业
建设现代化基础设施体系	推进能源革命，建设清洁低碳、安全高效的能源体系，提高能源供给保障能力
建设高标准市场体系	推进能源等行业竞争性环节市场化改革，放开竞争性业务准入，进一步引入市场竞争机制，加强对自然垄断业务的监管

续表

政策目标	主要内容
持续改善环境质量	完善能源消费总量和强度双控制度，重点控制化石能源消费。推动能源清洁低碳安全高效利用，深入推进工业、建筑、交通等领域低碳转型
加快发展方式绿色转型	壮大节能环保、清洁生产、清洁能源、生态环境、基础设施绿色升级、绿色服务等产业，推广合同能源管理、合同节水管理、环境污染第三方治理等服务模式。推动煤炭等化石能源清洁高效利用
强化国家经济安全保障	增强能源持续稳定供应和风险管控能力，实现煤炭供应安全兜底、油气核心需求依靠自保、电力供应稳定可靠。加强重点城市和用户电力供应保障，强化重要能源设施、能源网络安全防护

1.3.2.2　电力企业低碳转型实践

实现碳达峰、碳中和，推动经济社会全面绿色转型，把促进新能源和清洁能源发展放在更加突出的位置，为中国电力企业低碳转型提供了方向指引。国务院《2030 年前碳达峰行动方案》（国发〔2021〕23 号）提出引导企业主动适应绿色低碳发展要求，提升绿色创新水平。新形势下，中国电力企业的低碳转型实践，对发挥企业创新主体作用、彰显电力企业高质量发展的低碳成色、更好满足全社会日益增长的绿色电力消费需求具有现实意义。

（1）国家电网公司。国家电网有限公司（简称国家电网公司）作为全球最大公用事业型企业，立足电网功能定位，提出并坚持清洁低碳是方向、能源保供是基础、能源安全是关键、能源独立是根本、能源创新是动力、节能提效要助力的原则要求，发挥好电网"桥梁"和"纽带"作用。加快构建新型电力系统，努力推动能源清洁低碳转型，坚持生态优先、绿色发展，大力推进减排降碳，服务清洁能源发展，推进终端能源消费电气化，大力实施以电代煤、以电代油，引导形成绿色低碳生产生活方式，在服务可再生能源发展、加快推进发展方式绿色转型方面发挥更大作用。

首先，加快发展方式绿色转型。积极构建新型电力系统，推动构建清洁低碳、安全高效的能源体系；抢抓能源革命与数字革命融合发展机遇，发展绿色低碳产业；全面促进资源节约集约利用，建设绿色现代数智供应链，为国民经济高质量发展注入更多"新动能"。发布《新型电力系统数字技术支撑体系白皮书》，明确公司以数字技术支撑新型电力系统建设的路径方案。坚持示范引领，在浙江、福建、青海和河北张家口、新疆南疆地区、西藏藏中地区分别打造新型电力系统省级、地区级示范区。2020年，新完成271万户"煤改电"任务，长江经济带投运岸电设施1203套，实现长江沿线主要港口岸电基本覆盖。

其次，深入推进环境污染防治。践行绿水青山就是金山银山的理念，将全面环境管理理念贯穿电网发展全过程，将环境保护核心价值观注入公司发展运营的各个环节，推动电网高质量发展和生态环境高水平保护协同共进。十年来，国家电网公司新开工110千伏及以上电网建设项目环评率持续保持100%，各项环保、水保要求严格落实到位。同时，国家电网公司完成110千伏及以上电压等级变电站（换流站）噪声监测4.4万余次，对408座变电站（换流站）实施噪声治理，优化运行环境。

再次，提升生态系统多样性、稳定性、持续性。注重将生物多样性保护融入规划选址、可研设计、施工建设、项目运行以及设备退役等电网建设和运行全流程，积极探索电网和不同生物物种、不同生态系统的和谐共生之路，更好地服务生态文明建设。

最后，积极稳妥推进碳达峰、碳中和。全面推进碳达峰、碳中和，发布"双碳"行动方案；提升电网平衡调节能力，服务清洁能源高质量发展与消纳；全力应对极端气候自然灾害，建立应急保供机制；积极推动共建公平合理、合作共赢的全球气候治理体系，为应对气候变化贡献中国智慧、中国力量。2021 年，国家电网公司新增风电、太阳能发电并网装机 8700 万千瓦，累计达到 5.36 亿千瓦，利用率 97%以上；新能源累计装机容量达到 5.4 亿千瓦；新能源新增装机容量超过 8700 万千瓦。

（2）国家电投。国家电力投资集团有限公司（简称国家电投）坚持把绿色作为产业发展主基调，积极践行创造绿色价值的企业使命，坚定不移地走清洁低碳之路，开创了清洁能源事业高质量发展的新格局。

首先，构建绿色多元产业结构。不断拓展能源清洁低碳发展新方式，清洁能源成为增量主体，形成了以清洁能源为主体的绿色多元产业结构。截至 2023 年 7 月底，国家电投装机规模 2.38 亿千瓦。其中，光伏装机 6859.90 万千瓦，风电装机 4865.17 万千瓦，清洁能源装机超过 1.61 亿千瓦，占比 67.82%，已成为我国第一家拥有光伏发电、风电、核电、水电、煤电、气电、生物质发电等全部发电类型的能源企业。

其次，重大专项进入关键阶段。牵头实施"大型先进压水堆核电站""重型燃气轮机"两个国家科技重大专项，担当"国和一号"现代产业链"链长"，聚集产业链上下游单位，发力破解 100%国产化难题，取得一系列突出成绩。

最后，新兴产业催生新动能。加快布局用户侧综合智慧能源和绿电转化等战略性新兴产业，将光伏与县域、乡村优势产业结合发展，扎实推动共同富裕。大力推进用户侧综合智慧能源建设，积极推动构建对电网和用户友好型的新型能源体系，开展大客户绿色供能合作、绿电交通、绿能替代（"双碳"服务）、绿能生态等产业推广，持续做大做强用户侧"大融合"。

（3）南方电网。中国南方电网有限责任公司（简称南方电网）把服务"碳达峰、碳中和"目标作为重大政治责任和战略任务，秉承"绿色低碳，节能先行"原则，科学有序推进新型电力系统建设，促进电源更清洁、电网更节能、用能更低碳，助力推动经济社会发展全面绿色转型。

以绿色电能推动传统产业转型，深度推进城乡一体化发展。主动走进企业、工厂、社区，结合行业用电需求特点，通过电能替代项目，为"电酿酒""电制茶""电烤烟"等特色产业注入新动力，助力企业大幅减少生产成本，成倍提升生产效率和生产能力。2021 年替代电量 359 亿千瓦时，同比增长 14.3%，占全社会用电量 2.5%。首次开展南方区域可再生能源电力消纳量交易和绿色电力交易，全年消纳绿色电力同比增加 100 亿千瓦时，减少碳排放约 853 万吨。联合深圳市政府打造基于能源大数据的"双碳大脑"，打造在全国范围内具有先行示范作用的碳排放治理支撑平台。

新能源汽车的迅速增长对充换电基础设施建设提出了更高的要求。南方电网 2021 年全年共建成充电桩 3.1 万个，"顺易充" App 接入南方五省（区）近八成充电设施，打通小区充电"最后一公里"，助力新能源车车主实现"充电自由"。同时，南方电网积极拓展园区、工业、建筑等节能服务业务，大力发展生物质发电、余热利用等能源综合利用业务，通过自主研发的能效管理系统，实现建筑及工业企业能源"看、管、控"的全生命周期管理，全年为客户节约电量超 8000 万千瓦时，年托管节电量同比增长 5%。

（4）上海电气。在 2023 年 6 月 11 日开幕的上海国际碳博会上，上海电气集团股份有限公司（简称上海电气）正式发布《上海电气集团"双碳"行动方案》，提出"确保 2030 年前碳达峰，力争 2035 年前实现自身运营碳中和、2055 年前全价值链碳中和"的发展目标，并发布了在风、光、储、氢四大领域的最新产品。

面对能源和工业两大碳减排主战场，上海电气正通过能效提升、能源替代、资源循环三条路径，构建新型电力系统、零碳产业园区两大应用场景，推动企业实现自身运营的"双碳"目标，同时带动产业绿色升级转型。

新型电力系统需要新能源的支撑。上海电气在风、光、储、氢四大新能源领域的最新产品分别是"16＋兆瓦全海域大容量风力发电机组""20 吉瓦异质结光伏整线装备""500 千瓦/3000 千瓦时模块化液流电池"以及"2000 标准立方米每小时碱性电解槽"，均取得了行业突破性进展。

此外，为推动产业集体转型，上海电气还启动了《零碳产业园区实施路径规划与评价导则》标准编制，联合华东建筑、上海环境能源交易所、上海能效中心、江森自控、施耐德电气等单位和企业，聚焦零碳产业园区创建生态的规划构建。

1.3.3 电力企业低碳进展

我国电力企业深入贯彻能源安全新战略，积极稳妥推进碳达峰、碳中和，推动构建新型电力系统，助力规划建设新型能源体系，积极参与应对气候变化全球治理，协同作战、攻坚克难，全力保供电、促转型、强创新、谋改革，与时俱进推动电力高质量发展新实践。牢牢把握碳达峰、碳中和重大任务，深入推进电力绿色低碳转型，终端用能电气化水平不断提升，推动煤电与新能源优化组合，电力投资加快释放，一批重大项目建成投运，推动能源生产和消费方式深刻变革。

1.3.3.1 电源结构优化调整步伐加快

截至 2022 年底，全国全口径非化石能源发电装机容量 127548 万千瓦，比上年增长 14.0%，增速比上年提升 0.6 个百分点，非化石能源发电占发电总装机容量比重 49.7%，比上年提高 2.6 个百分点；煤电占发电总装机容量比重 43.8%，比上年降低 2.9 个百分点。2022 年，全国非化石能源发电量 31443 亿千瓦时，比上年增长 8.6%，占总发电量比重 36.2%，比上年提高 1.7 个百分点；煤电占总发电量比重比上年降低 1.6 个百分点。

1.3.3.2 电力能效指标持续向好

污染物排放控制水平进一步提升。2022 年，全国 6000 千瓦及以上火力发电厂供电标准煤耗 300.7 克/千瓦时，比上年降低 1.0 克/千瓦时；全国 6000 千瓦及以上电厂厂用电率

4.49%，比上年增加 0.13 个百分点；全国线损率 4.82%，比上年降低 0.43 个百分点。截至 2022 年底，全国达到超低排放限值的煤电机组约 10.5 亿千瓦，占煤电总装机容量比重约 94%。2022 年，全国电力烟尘、二氧化硫、氮氧化物排放量分别约 9.9 万、47.6 万、76.2 万吨，分别比上年降低 19.4%、13.0%、11.6%；全国单位火电发电量烟尘、二氧化硫、氮氧化物排放量分别约为 17 毫克/千瓦时、83 毫克/千瓦时、133 毫克/千瓦时。

1.3.3.3　电力碳减排取得显著成效

全国碳市场建设扎实推进。2022 年，全国单位火电发电量二氧化碳排放约 824 克/千瓦时，比 2005 年降低 21.4%；全国单位发电量二氧化碳排放约 541 克/千瓦时，比 2005 年降低 36.9%。以 2005 年为基准年，从 2006—2022 年，电力企业累计减少二氧化碳排放量约 247.3 亿吨。其中，非化石能源发电、降低供电煤耗、降低线损率减排贡献率分别达到 57.3%、40.5%、2.2%。截至 2022 年底，全国碳排放权交易市场（发电行业）碳排放配额（CEA）累计成交量为 2.30 亿吨，累计成交额超过 104.75 亿元。其中，2022 年合计成交量 0.51 亿吨，合计成交额超过 28.1 亿元，综合成交均价为 55.30 元/吨。

1.3.3.4　电力新业态蓬勃发展

新型储能发展在政策体系构建、技术装备研发、示范项目建设、商业模式探索等领域持续推进，截至 2022 年底，全国电力安全生产委员会 19 家企业成员单位累计投运电化学储能电站 472 座、总功率为 689 万千瓦、总能量为 1405 万千瓦时、比上年增长 126.8%。电动汽车与充电基础设施进入规模化发展、商业化应用阶段，纯电动汽车保有量突破 1000 万辆，截至 2022 年底，全国充电基础设施保有量 521 万台、达到 2021 年的近两倍。多能供应、能效提升、增值服务等综合能源服务业务融合发展态势持续向好，涌现出能源托管、区域能源运营等新商业模式。

第 2 章

企业践行使命，重塑绿色后勤

2.1 电力企业后勤工作的现状与挑战

后勤工作关系着人们生产生活的方方面面，影响着人们的生产生活方式和行为方式，后勤管理的很多方面都涉及影响碳排放，如用电、用水、用油、环境的维护、垃圾的处理、习惯的导向等。对于电力企业来说，物资利用率的提高，水、电、油等能耗的减少，人员节约意识、生产生活习惯的养成，都离不开后勤管理与规范。

因为低碳需要通过后勤管理实现，后勤管理需要结合低碳进行结构优化，所以一直以来低碳、节约是围绕后勤工作不可缺少的名词，特别是电力企业的后勤管理，更是要注意节能降耗、环境保护，通过工作方式、管理模式在节约资源、减少排放、精细管理上下功夫。

2.1.1 电力企业后勤的重要性

2.1.1.1 增强电力企业凝聚力

电力企业的后勤部门主要是为企业的全体员工服务的，只有把后勤工作管理工作做好了才能使企业员工有好的心情去工作，良好的后勤管理工作可以有效激发起员工的工作积极性与工作热情，使员工积极地投入到企业生产中去，进而不断增强电力企业员工之间以及员工与企业之间的凝聚力。因此，做好后勤管理工作可以增强员工向心力，为电力企业的发展进步作出自己的贡献。

2.1.1.2 电力企业发展的后盾

电力企业在发展的过程中离不开后勤部门的保障与支持，电力企业的后勤部门可以为企业的发展提供必要的物质保障，是电力企业实现其发展目标必不可少的前提条件。电力企业的后勤部门在对日常事务进行管理时往往起到联系内外、承上启下以及沟通协调的作用，通过后勤部门的服务管理使企业的各种资源得到共享，进而使企业各部门之间均衡发展。

2.1.1.3 为电力企业营造更好的工作环境

做好后勤管理工作可以为企业提供一个整洁优美、文明卫生的生产环境，给企业工作的开展提供一个舒适的环境，电力企业的后勤管理工作是整个企业管理工作的直接体现，也是做好企业管理工作的第一步。提高企业后勤管理人员的思想认识是做好后勤管理工作的重要条件，因此，后勤管理人员在管理的过程中要注意强化员工的思想认识，使其更好地为企业的发展服务。

2.1.2 我国电力企业后勤发展现状及问题

近年来，随着我国电力企业的快速发展，电力企业后勤取得了长足的发展，已成为整个电力事业的重要组成部分。但是，电力企业不断改革的同时企业制度也出现转变，其中部分需求要通过外包进行完成，但电力企业缺少系统的服务队伍，导致其后勤服务水平整体偏低。同时，专业型技术人才的缺乏导致后勤管理工作无法得到顺利开展，对于企业的整体发展有着较大影响。电力企业落后的后勤管理模式，所采取的传统管理方式导致其各项管理工作无法得到顺利进行，进一步为电力企业的发展带来阻碍。

2.1.2.1　思想上缺乏足够的重视

在现阶段的发展中，随着市场竞争的日益激烈，使得企业领导人员在实际发展过程中，对经济效益以及市场占有率和电力产品的销售过多重视和关注，从而忽略了后勤管理工作的开展，导致后勤管理工作无法发挥出自身的工作优势，无法将后勤管理工作给企业发展与进步带来的帮助体现出来，因此，发展至今一直不受企业领导的重视，错误地认为后勤管理工作是可有可无的。正是因为企业在思想上缺乏对后勤管理工作的重视，导致后勤管理工作的开展受阻，所以现阶段最重要的就是帮助企业了解后勤管理工作对企业发展的重要性，从思想的根源上转变观念，以此来提高对后勤管理工作的重视。

2.1.2.2　缺乏专业后勤保障管理人员

专业人员的缺乏也是影响后勤管理工作正常开展的一大因素，后勤管理工作的开展不仅需要领导的支持、科学的工作环境，还需要大量专业性的技术人才。在电力企业之前的发展过程中，由于企业对后勤管理工作没有足够的重视，导致该工作成为社会就业上的冷门工作之一，选择从事这行业的人才数量以及人才的质量就大大降低了，即使现阶段转变了观念，在人才的供应上也出现了巨大的问题。现阶段后勤管理人员的综合素质水平以及专业素养成为了限制后勤管理工作正常开展的主要因素。

2.1.2.3　信息化水平较低

随着科学技术的不断发展，信息化技术已经被逐渐应用到各行各业中，也为行业的进步起到了一定的推进作用。就当前阶段电力企业后勤管理工作的开展来看，信息化程度普遍较低，虽然电力企业的后勤管理工作已经实现了网络系统化的管理，但是由于技术人员水平的限制，导致信息化管理工作的开展不够全面且存在着许多的问题，工作人员对业务工作的不熟悉都会影响到后勤管理工作的顺利进行。

2.1.2.4 缺乏完善的监督机制

电力企业的后勤管理工作主要涉及电力企业的建设、生产、运行、管理等多个方面，其中每个方面工作的完成度都会直接影响到企业的整体发展，除此之外还涉及物料、设备、人员等多个方面，几乎涵盖了整个电力企业发展的重点内容。因此，为了使电力企业能够稳定地发展，必须要给予后勤管理工作足够的重视，要建立完善的监督管理机制，要对其进行疏导管理，现阶段的发展中，大多数的电力企业在后勤管理工作开展中都没有相关的监督机制来督促后勤管理工作的开展，监督机制的匮乏导致整个后勤管理均处于松散无序的状态。

2.1.3 电力企业后勤面临的形势分析

电力企业后勤工作肩负着电力企业房产、土地、车辆等后勤资源的归口管理，以及电网小型基建、生产辅助技改大修的组织实施和员工生产生活的服务保障，任务繁重、敏感性强、关注度高，需要认清新形势、适应新要求，准确把握工作定位，真抓实干，打开后勤工作新局面。

2.1.3.1 顺应国家时代发展的必然趋势

受成本压降、电价成本监审等影响，物业费额度下降趋势明显，物业费用压降要求和市场规律下服务价格提高之间的矛盾日益突出，成本压降为电力企业后勤工作带来了新的挑战。

2.1.3.2 落实电力企业战略目标的内在要求

围绕电力企业发展战略，坚持集约统筹、精准投资、提质增效的原则，积极构建满足当前、适度超前、精准高效的后勤保障资源体系。统筹调配、挖潜增效，持续优化存量资产管理模式和管控方式，提高存量资产经济效益、管理效益和社会效益。深化后勤资产全寿命精益管理，提高资产寿命周期内安全、效能、成本的综合最优。

2.1.3.3 深化后勤发展改革的迫切需要

贯彻落实"放管服"改革要求，精准高效地提升管理效能，是后勤亟需研究的重要课题。随着"放管服"改革的持续推进，要求后勤工作要进一步优化管理流程，合理放权授权，精准有效管控，推动各级单位实现后勤资源和业务有序管控，增强发展后劲。后勤工作应始终坚持态度靠前、措施靠前，切实抓住改革契机，把总部下放的权力管好用好，真正达到提高工作效率、提升管理水平的目的。

2.1.3.4 提升后勤服务质量的现实需求

后勤业务点多面广，内容庞杂，直接涉及职工利益，需要切实关心关爱职工、为职工办实事。随着社会经济的发展，职工队伍在知识结构、思想观念、利益诉求、兴趣爱好等方面发生了显著变化，需求越来越多样化、个性化，对后勤服务期盼和关注度都很高。为满足职工丰富多样的生产生活所需，后勤工作需创新服务模式，提升服务质量，增强职工幸福感、获得感和归属感。

2.1.3.5 保障后勤持续发展的必然要求

当前，以"大云物移智链"等为代表的数字技术发展迅速，在诸多领域实现了业务深度融合，有效赋能传统管理，带来了全新的增长力。在利用现代信息技术、先进通信技术等方面，电力企业后勤系统科技创新能力仍需提高，服务保障手段需进一步丰富，应大力推动大数据、云计算、物联网、移动互联、人工智能等新技术在后勤领域的融合应用，全面推进后勤智能数字化建设，建立数据驱动的现代后勤管理机制与业务模式，实现后勤需求全面感知、决策科学高效、保障精准有力、服务便捷智能，全面提升后勤服务保障能力。

2.1.3.6 践行绿色低碳发展的责任

在全球变暖背景下，极端天气事件频发，给人们的生活带来了严重的影响。人们的行为方式、生产生活方式是影响碳排放的主要因素。作为与人们日常工作生活密切相关的后勤管理，在引导人们践行低碳，树立节能降耗意识方面，具有不可推卸的责任。

2.2 低碳背景下电力企业后勤面临的形势和使命

2.2.1 推进电力企业后勤低碳发展的重要性

2.2.1.1 符合国家建设的战略要求

在电力企业后勤系统工作开展的过程中，除了需要加强人员和体制的管理外，还需要对各方面资源消耗情况进行了解，并且对面临的自然环境、气候因素等进行考虑。在企业后勤系统转型的过程中，不但需要对信息化因素进行考虑，同时还需要考虑节能减排和可持续发展战略。促进电力企业后勤系统低碳转型，能够有效缓解资源和环境之间的矛盾，降低对资源、环境以及气候等产生的不利影响，促进资源利用率的提高，为国家建设贡献力量。

2.2.1.2　促进"双碳"目标的落实，实现企业快速发展

在电力企业发展的过程中，需要对"双碳"目标和要求进行贯彻落实，抓住现阶段电力企业发展的机遇，对企业发展速度、质量和效益之间的管理进行处理，促进电力企业进一步地发展建设。电力企业后勤系统的低碳转型能够促进电力企业建设和后勤系统的快速发展，促进电力企业后勤工作的有效开展，有效地节约资源，降低碳排放量，实现生态环境的保护。

2.2.1.3　解决资源和环境束缚问题，实现后勤系统的现代化

随着我国社会和科技的发展，电力企业朝着现代化和信息化的趋势发展，对资源有了更高的需要和要求，给生态环境带来更大的影响。因此，在未来的发展过程中，资源和环境问题是电力企业后勤系统中的重要影响因素。促进电力企业后勤系统低碳转型，能够在资源和环境变化较小的情况下，对资源进行优化管理，科学合理地使用自然资源，实现节能减排目标，保证后勤工作的开展，降低电力企业生产和发展的成本，促进电力企业的进一步发展。

2.2.2　电力企业后勤低碳发展中面临的问题

2.2.2.1　易被忽视

现代企业制度下，企业为了盈利而创收，以"双碳"为目标，在降碳、低碳方面做了大量工作，实施了一系列降本增效的措施。近年来，电力企业加快推进低碳各项工作，不断利用绿色新工艺和节能减排新技术开展技术改造和转型升级，绿色低碳发展水平不断提升。同时，在后勤管理中，物耗、能耗、水耗以及废弃物排放量也持续下降，既降低了企

业经营成本，也取得了一定的成效。但应看到，要真正实现绿色低碳发展的新跨越，除了在生产工艺和技术方面用功外，也需要方方面面的协同配合和共同努力，尤其在细小入微的后勤低碳工作方面，若转变传统思维模式，积极践行低碳措施，将会对低碳目标实现产生更大的推动作用。

后勤低碳管理与企业生产经营相比显得微不足道，甚至会被忽视。随着"双碳"目标的不断推进，从大方面看，后勤管理关系到国家碳达峰、碳中和目标的完成；从小方面看，后勤的降本增效间接增强了电力企业的活力和竞争力。例如，每月节约的纸张可降低碳排放量和办公费用、食堂光盘行动可抑制浪费粮食并节约成本、车辆合理安排和使用可降低能耗。此类后勤小事，既与员工利益密不可分又与低碳息息相关。如何在不降低员工感受度和满意度的前提下，最大程度地减少不必要的浪费，从而降低能耗、减少碳排放量，是电力企业后勤管理义不容辞的责任。

2.2.2.2　绿色低碳环保的服务理念执行深度不够

近几年，大家对绿色、低碳、环保、节能等理念听得较多，但未真正落实于后勤管理工作中，更多还停留在浅层表面，并没有深挖执行下去。比如：办公用纸的节约（电子化、无纸化）、公务车合理调度、随手关闭待机电器设备、食堂就餐减少浪费和垃圾回收再利用等，职工都知晓，但做法与真正养成低碳的工作习惯还有较大差距。电力企业对后勤方面低碳的宣传，更多也是基于形式，并没有形成长效机制，缺乏止确引导和灌输，没有真正落到实处，无法真正形成低碳企业文化氛围。虽然后勤低碳管理对降本增效的作用有限，但它对职工养成良好低碳习惯的影响是深远的，对电力企业经营业绩的提升、品牌形象的打造、企业文化的塑造都有潜移默化的影响力。

2.2.2.3 未形成相关监督管理机制和奖惩制度

电力企业会组织一些低碳环保活动，如节能知识普及、安全环保知识竞赛、光盘行动等，短期内也会收到良好的效果，但多数电力企业针对后勤管理低碳环保方面的专项奖惩和监督制度、规范或条例还没有形成。目前，企业职工低碳行为大部分靠自觉，若短期内要求养成良好的工作生活习惯，执行难度较大。例如，垃圾分类和回收再利用，大部分职工认为垃圾分类与自己岗位职责没有太大关系，而是后勤管理部门的工作职责。因此，职工很少会自觉配合后勤部门进行垃圾分类，更不会主动了解垃圾分类相关政策与法规，导致过度消耗和浪费。因为尽快改变这种传统思维方式，将对电力企业降碳起到很大作用，所以要形成监督管理机制并制定奖惩制度，逐步形成长效机制。

2.2.3 电力企业后勤低碳发展的要求

根据绿色低碳发展理念对后勤发展的新要求，电网企业后勤管理模式将面临一轮颠覆性变革，后勤服务内容、管理方式等正发生着变化。随着现代信息技术的发展和广泛应用，低碳背景下的后勤工作必将逐渐朝着智能化、标准化的方向迈进，以后勤体系为业务导向、智慧后勤为技术导向、绿色后勤为评价导向的现代化后勤保障体系将成为必不可少的管理工具和服务指导，以电网企业绿色低碳后勤为特征的新型后勤保障体系的建立是公司后勤发展所需探究的重要课题，它将推动公司后勤管理模式和服务生产方式的变革，成为绿色低碳背景下后勤领域深化改革和转型发展的驱动力。

2.2.3.1 提质增效

在后勤资源管理方面，提高资源运转的效率和效能。坚持集约统筹、精准投资、提质增效的原则，积极构建满足当前、适度超前、精准高效的后勤保障资源体系。深化项目建设创新实践，修订完善并深化应用小型基建项目建设标准、典型设计、管理手册等，健全小型基建工程建设规范，统筹推进绿色建筑、BIM、建筑节能、装配式建筑等新技术、新材料、新工艺等试点应用。开展楼宇智能化、智能物联网、绿色节能改造、建筑能效平台等建设，推进建筑节能增效，改善职工生产生活环境。

2.2.3.2 节能环保

倡导绿色出行、健康生活，打造后勤绿色生活新方式。积极推动新能源汽车充电设施建设，倡导员工使用混动车或新能源汽车，多使用电力，为员工购买新能源汽车提供便利，间接推动节能减排工作，实现零碳排放。做好垃圾分类处理、回收利用，减少垃圾排放，减少环境污染，学习使用环保新技术。

2.2.3.3 绿色办公

将习近平生态文明思想贯穿到后勤工作全过程，推动形成绿色低碳、文明健康的工作习惯和生活方式。营造节能氛围，丰富活跃低碳形式，把低碳与实际工作生活联系起来，引导良好的生产生活习惯，从以制度规范人的行为，到人人自觉践行低碳。

坚持绿色发展理念，努力打造"绿色办公"环境。促进半导体照明产品的改造，深入了解办公区域照明灯具，实现照明改造，不断改善基层职工办公条件，提升职工幸福指数。

积极倡导无纸化办公，使每一份资源得到有效利用。

2.2.3.4　绿色餐饮

坚持安全、健康、环保理念，建立绿色食材供应链体系，打造贯穿食品生产与服务过程的绿色餐饮。深入推进健康食堂创建，提高职工食堂规范管理和服务质量，严把食品卫生安全，严防食品卫生责任事故。建立绿色食材供应链体系，从源头上消除食材安全隐患，为职工提供优质原料食材。开展健康饮食干预，科学制定动态健康餐饮方案，促进职工身体健康。

贯彻落实习近平总书记对制止餐饮浪费行为的重要指示精神，将厉行节约的理念纳入食材采购、加工、服务的全过程，从源头上杜绝餐饮浪费。广泛开展宣传，营造勤俭节约氛围。加强督导检查，形成长效机制，开展"光盘行动"，多措并举杜绝"舌尖上的浪费"。加强垃圾分类工作，对餐厨废弃物资源进行合理利用，对相关的厨具进行回收，实现餐厨垃圾的再利用。

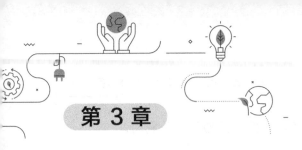

第 3 章

体系变革升级，提振绿色动能

3.1 电力企业后勤工作体系解读

3.1.1 电力企业后勤体系的内容

尽管后勤仅有服务和管理两大核心职能，但由于其涉及的业务领域众多，牵涉的专业知识结构复杂，因而形成了后勤庞大的运营管理体系，由此，后勤体系的概念应运而生。从广义上来讲，后勤体系是指各后勤业务由同一个引领者掌控，组建成一个超级联盟。站在公司层面，即表明公司后勤应形成层级体系，按"总部—省—市—县"逐级进行分属管理，同时又由总部统一掌控。从狭义上理解，后勤体系主要指的是后勤服务与管理的一体化，能够让后勤对象享受一站式的服务，把后勤产品、渠道、服务细分化，再深入化。

电力企业后勤管理所涉及的内容及方法较多，包括项目建设、物业服务、用车管理、房屋配置、食品管理等方面的内容，并且这些管理内容对促进电力企业的发展有直接的影响。

以国家电网公司为例，2012 年 7 月，国家电网公司成立后勤工作部，各省公司陆续成立了后勤工作部，地（市）、县公司成立了综合服务中心（综合服务班），直属单位明确了后勤工作的归口管理部门，负责后勤管理工作，涵盖公司后勤管理体系建设、后勤本质安全管理、电网小型基建管理、生产辅助技改大修管理、后勤资源管理、公务用车管理、物业服务、餐饮服务、健康服务、数字创新建设、后勤应急保障体系建设、后勤队伍建设等专业领域。

3.1.1.1　小型基建项目管理

小型基建项目管理是指对电力企业生产经营服务的调度控制、生产管理、运行检修、营销服务、物资仓储、科研实验、教育培训用房和其他非经营性生产配套设施的新建、扩建和购置的管理，主要包括小型基建项目的前期申请审批管理、建设计划审批管理、建设过程管理以及监督考核管理。项目管理必须秉持"勤俭节约、量力而行、保证重点、逐步改善"的原则，围绕公司发展战略，充分利用现有资源，根据需要重点安排生产经营所必需的设施。

3.1.1.2　非生产性房产资源管理

非生产性房产资源管理是指对公司办公用房、住宅楼房、非生产性技改、大修房源等未用于直接生产物质资料的房产资源的管理，主要包括房源建设管理、调剂配置管理、购置租赁管理、维修管理以及其他的一些房源日常管理。房源管理秉持"制度统一、分级管理、信息集成、集约高效"的原则。

3.1.1.3　公务用车管理

公务用车管理是指对用于处理公务的车辆的管理，主要包括车辆购置租赁管理、用车审批分配管理、出车监控、维修报废管理以及车辆日常管理等。公务用车管理必须秉承"勤俭办企业"的精神，遵循"经济适用、节能环保、保障公务、节约使用"的原则。

3.1.1.4　职工服务与安全管理

职工服务管理是指对职工切身相关的后勤事项的管理，

主要包括办公设备与办公用品服务管理、餐饮服务管理、健康服务管理、通信服务管理、安防保洁服务管理、物业服务管理等。职工服务管理必须秉持"统一管理、统一标准"的核心原则。

3.1.1.5 应急保障

后勤应急保障是指在突发自然、人为灾害或卫生事件或重要节日等情况下的保障工作，主要包括应急预案管理、应急资源管理、应急资源分配、应急事件分析了解等。应急保障必须秉持"统一领导，分级负责；预防为主，常备不懈；快速反应，协同应对；以人为本，减少危害"的原则。

3.1.2 电力企业后勤体系的重点

习近平总书记关于国企改革、能源电力发展等系列重要讲话和重要指示批示精神，对电力企业后勤工作提出了更高要求。面对新方向、新任务、新要求、新机遇和新挑战，电力企业后勤体系的重点也在发生变化，要全面推进后勤精益管理、本质安全、精准保障、优质服务、数字创新、应急体系建设、队伍素质提升，建成具有电网特色、行业领先、保障精准、服务优质的新时代新后勤。以国家电网公司为例：

3.1.2.1 优化体系、完善机制，全面推进后勤精益管理

全面服务保障公司发展战略，落实"放管服"改革要求，持续优化管理体系，完善制度标准体系，健全工作机制，强化考核评价机制，推进后勤支撑体系建设，推动公司产业升级，优化"资源集中、管理集约、信息集成"的后勤管控模式，着力推进后勤精益管理，提升后勤管理效率。

3.1.2.2　筑牢基础、深化治理，全面推进后勤本质安全

牢固树立安全发展理念，严格落实"管业务必须管安全"原则，强化安全红线意识和底线思维，夯实后勤安全管理基础，强化后勤安全预控监督、办公场所安全保卫，加强后勤领域资金管控、人防安全统筹管理。确保后勤工作依法规范，建立健全安全规范的后勤治理体系；确保后勤领域不发生各类安全责任事故事件，保障公司安全高质量发展。

3.1.2.3　集约统筹、科学配置，全面推进后勤精准保障

聚焦电网升级工程战略、卓越服务工程战略，坚持集约统筹、精准投资、提质增效的原则，积极构建满足当前、适度超前、精准高效的后勤保障资源体系。挖潜增效，持续优化存量资产管理模式和管控方式，提高存量资产经济效益、管理效益和社会效益。深化后勤资产全寿命精益管理，实现资产寿命周期内安全、效能、成本的综合最优。

3.1.2.4　丰富内容、创新手段，全面推进后勤优质服务

不断提高后勤服务能力和水平，着眼党和国家工作大局，着力服务公司电网建设，完善以企业和职工为中心的卓越后勤服务体系。优化服务流程，健全服务机制，增强服务协同，提升服务质效。强化物业、餐饮、健康服务管理，以多样化、个性化、互动化的新时代后勤服务，积极服务公司发展和职工美好生活。

3.1.2.5　全息感知、融通共享，全面推进后勤数字创新

按照"统一规划、统一标准、统一建设、分步实施"的原则，广泛应用"大数据、云计算、物联网、移动互联、人工智能、区块链"等新技术，以后勤智能保障平台为基础，以后勤数据中心为支撑，以四个智能化业务应用中心为核心，

推动后勤全数据集约、全场景应用、全业务创新，全面提升后勤工作品质。

3.1.2.6 统筹资源、专业协同，全面推进应急体系建设

防范化解重特大安全风险，健全公共安全体系，健全应急保障工作机制和应急预案，提升应急保障响应速度和应急处置能力。推动应急保障信息化应用，整合优化应急力量和资源，推动形成统一指挥、专常兼备、反应灵敏、上下联动、平战结合的后勤应急管理体制。

3.1.2.7 党建引领、人才驱动，全面推进队伍素质提升

突出党建引领，推动后勤党组织建设，加强后勤队伍作风建设，提升后勤专业人才队伍整体素质，着力打造后勤管理、技能服务和应急保障三支专业团队，建设高素质的后勤队伍，促进后勤服务保障能力的全面提升。国家电网公司"十四五"后勤专业工作路径见图3-1。

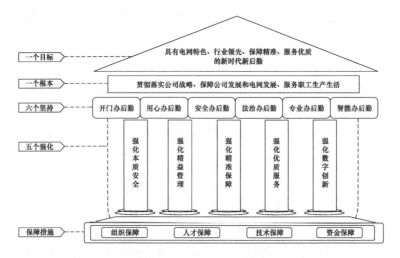

图 3-1 国家电网公司"十四五"后勤专业工作路径图

3.2　电力企业后勤体系的绿色升级之路

随着我国社会经济和企业的发展，环境和资源面临着重大的挑战，低碳环保理念逐渐深入人心。低碳转型道路是我国可持续发展的必然结果，也是生态、气候环境变化对人们的要求。后勤系统能够为电力企业的发展提供动力和资源，促进后勤系统的低碳转型能促进企业的进一步发展。

当前电力企业后勤体系不断完善，为电力企业发展提供了较为可靠的服务保障，但传统的后勤管理方法已不适应绿色低碳发展背景下的管理规划，电力企业后勤系统的转变是必然趋势。

因此，在电力企业后勤管理的过程中，后勤管理人员应当明确自身职责，注重低碳理念的引入，采取精细化和科学化的管理方式，推进低碳后勤体系的完善，加强电力企业后勤的科学化管理，做好宣传教育工作，促进电力企业后勤系统的低碳转型，促进企业的进步和发展。

3.2.1　组织架构清晰化

加强电力企业后勤系统的低碳转型，促进绿色后勤保障能力的提高，首先要优化电力企业各级后勤组织架构和人员配置。强化各级单位后勤部门管理职能，做实基层班组，建成响应高效、行动有力、运行规范、决策科学的后勤管理组织体系。

对管理的内容、方式等进行细致的划分，对工作的任务、采取的方式以及各项权责进行具体化，保证电力企业后勤系统中各个层面、环节，每个人员都能够按照标准和要求开展工作。加强定期检查和考核工作，保证每个人能够履行职责，每个资源能够发挥其作用，促进各项工作的有效开展。

3.2.2 后勤体系智慧化

后勤体系智慧化即智慧后勤，是指利用现代信息技术，以"大云物移智"为核心技术，以智慧化、智能化管理为核心要素的新型管理模式，实现后勤管理业务服务流程的"全面数字化、自动化"，降低企业人工成本，提高效益，降低能耗，通过对接第三方服务，打造"安全、高效、智能、绿色"的智慧后勤生态系统。

在电力企业后勤系统低碳转型的过程中，需要将后勤体系进行智慧化升级，统一整合多个后勤子系统，实现后勤体系数据同源，协同调用，节约数据资源，提高工作效能，在电力企业后勤管理体系低碳转型中巩固、深化降本增效。

3.2.2.1 智慧后勤特点

智慧后勤具备万物互联、智能管理、数据赋能、服务创新、提质增效等特点。

（1）万物互联：利用物联网等技术，使后勤管理的各个系统和设施设备实现共联，进行统一规范化管理。

（2）智能管理：利用人工智能、云计算等技术，实现后勤管理的智能化、智慧化、无人化、自动化管理。

（3）数据赋能：通过分析数据，对历史数据进行总结归纳，对未来进行预测性分析，以数据为后勤管理赋能。

（4）服务创新：除传统的"四保"（保修、保洁、保安、保绿）基本服务之外，为客户提供多元化的增值服务。

（5）提质增效：具备监测后勤系统和设施设备的使用情况功能，提供能耗优化方案，实现节能减排的绿色管理。

3.2.2.2　智慧后勤管理原则

坚持科技引领。利用"大云物移智"技术，实现智慧化后勤支撑管理方法。按照公司要求，强化信息化的作用，把新技术与后勤支撑管理融合为一体，加强管理决策和服务标准的全过程建设。

坚持现有基础。坚持电力企业战略要求和主要工作任务，围绕公司现状，追随市场发展，夯实后勤数字化基础，加快后勤数字化转型，推动设施设备智能化，构建后勤资源生态圈。

坚持"一体化"。坚持连接各个系统程序、设施设备，坚持统一集成的"一体化"管理模式。加强一体化设计和流程优化，建立平台联动机制，统一支撑体系，以模块化的方式在后勤平台进行建设和完善。

3.2.2.3　智慧后勤管理办法

实现电力企业后勤管理的"一网联动全局"，使电力企业各个系统程序、设施设备的子系统进行整合、连接。通过结合硬件管理子系统、服务管理子系统、智能运维子系统、应用服务子系统，帮助电力企业构建标准化、灵活、开放的平台核心支撑层，实现集中管控、应用统一部署、应用配置统一管理、服务器配置数据管理等功能。智慧后勤可以迭代升级后勤管理的模式，实现"一网全可控、数据全可视、设备全感知"，为智慧化后勤管理奠定了坚固的基底。

实现系统集成的融合和数据共享的融合。在系统管理方面，电力企业管理的各个楼宇、各个设备都有各自的控制系统，各自为战，无法在公司层面形成统一的管理模式。建立智慧后勤要将物业服务、后勤管理、设备管理、能耗监测等系统进行集成，实现智能数据采集、数据分析以及数据管理，最终实现智慧后勤智能化管理；在数据管理方面，电力企业的数据虽然有大量积累，却犹如笼中巨兽，数据价值无法充分展现。究其原因，一方面是数据本身的复杂性造成，另一方面是缺少智能化手段。智慧后勤可通过一系列微服务、微应用，建立业务中台和数据中台，促进数据融合，完成后勤业务的智能化管理。

智慧后勤可由智能应用端、智能管理终端、智能 LED 大屏构成。智能应用端即 App，突出便捷性与服务性；智能管理终端为业务系统，主要突出安全性、稳定性及易操作性；智能 LED 大屏主要体现一键调动功能，体现数据的可视化与整合性，同时实现数据分析、数字智能决策。

（1）智能应用端。智能应用端基于员工和后勤工作人员适用于不同场景。场景包含交通、购物、餐饮、办公、维保与周边生活服务等，在场景中设置一些实用性的功能模块，达到智能服务的目的。智能应用端打破传统服务的"四保"服务模式，即保安、保洁、保绿、保修，提供多样化的服务场景，通过持续孵化升级现有的服务流程，提高服务质量，提供更加高效便利的工作和生活环境，并同时加强后勤工作的智能化管理。

（2）智能管理终端。智能管理终端为平台核心，是后勤业务日常管控终端，基于后勤管理的工作模块，集成各个场景系统，包括楼宇自控系统、能耗管理系统、运营管理系统及安防管理系统等，节省人力的同时，实现后勤工作的智能管理。楼宇自控系统使管理人员便于获取、控制建筑的各类信息，实现楼宇自控系统的全局智能化管理，及时作出正确的判断和决策；能耗管理系统智能感知整个楼宇的电、气、水等能源使用情况，以及包括照明、空调、电梯、动力等各类分项能耗使用指标进行监测和统计分析，从而实现楼宇能耗的全方位、精细化的监控和管理的信息化系统。

运营管理系统主要管理维修、资产、停车场、餐厅及会议室。维保管理系统通过智能管理模块实现维保的智能管理升级。资产管理系统利用物联网等技术，建立资产管理主动获取位置等的智能管理特点。服务管理系统为员工打造智能会议室、智能餐厅的建设使员工的工作生活更加便利高效；智能安防管理系统可包含视频监控系统、门禁系统、巡更系统、消防系统、入侵报警系统等，实现安防的综合化、智能化管理迭代升级。

（3）智能LED大屏。智能LED大屏是智能应用端和智能管理终端的可视化出口。第一，部分场景可通过数字孪生技术或建模技术得到实景展示。可视化管理系统将各项关键数据进行综合展现、监测与管理。第二，中控系统是整个大屏幕显示系统的操作中心，对系统的各种设备进行集中的控制操作。集控内容包括显示系统的控制、信号处理系统的控制等。第三，智慧后勤的数据可制作成可视化图表，实时投放到大屏，并进行数字智能决策。例如，利用整合的数据制作水电能耗量的图表，分析不同时期耗水耗电高低值的原因，对比传统人工控制和智能控制照明的耗电区别，减少能源消耗的成本。

基于"云"设置的智慧后勤节省大量堆积硬件服务器的成本以及物理空间，实现系统赋能，一键调动管理；数据赋能，实现提质增效；机器赋能，全面自动感知；人工智能，升级业务蓝图。

1）系统赋能，一键调动管理。

智慧后勤实现电力企业各个系统、设施设备等子系统的集成，通过智能 LED 大屏，实现后勤的"一键式"调动管理。一方面，系统集成实现系统赋能，加强集中管理，可以减少日常人力投入，节约人工成本，提高劳动生产率；另一方面，通过与机器赋能相结合，实现"感知＋调控"的全方位自动化的智能管理场景，集群部署保证管理流程的顺畅和完整，提升工作效率。

2）数据赋能，实现提质增效。

智慧后勤整合三个端口的数据，实现"数据赋能＋提质增效"。系统集成利用信息技术从而具备数据深度分析的能力；通过感知数据，及时分析处理形成有价值的规则和知识；通过深度学习，智慧后勤的应用系统具备自我学习和思考能力，实现多元化的智能管理场景。三个端口是数据池来源，通过反哺应用，形成一个循环的数据生态体系，利用新技术，使得后勤管理平台能够不断进化。

3）机器赋能，全面自动感知。

通过智慧后勤的楼宇自控系统、安防管理系统、运营管理系统和能耗管理系统充分赋能，当设备具备信息数据感知能力时，各种数据将被及时采集、处理，可及时完成各种智慧响应和决策，并通过各种创新技术应用程序，适应不断变化的后勤管理场景。

4）人工赋能，升级业务蓝图。

利用系统、数据和机器升级改造的契机，深化人工智能技术应用，推动智慧后勤不断自我学习进化、迭代升级，助力企业提升业务能力、优化产业结构。利用人工智能技术，构建智能化的管理场景，实现人工智能技术在门禁、考勤、付款、安保等多场景的智能化应用。一方面助力提升电力企业后勤管理业务能力，实现降本增效；另一方面简化员工和后勤管理人员的操作流程，提升后勤服务体验。智慧后勤将深度自主学习作为后勤管理发展的核心理念，通过数据积累、分析，提升机器能力，固化组织经验，夯实人工智能与业务深度融合的发展基础，发挥人工智能对核心业务的牵引作用，推进电力企业业务结构优化转型。

3.2.3 低碳管理规范化

在电力企业后勤系统低碳转型的过程中，应当重视建设和管理，树立规范化、标准化的管理意识，对电力企业发展中的资源、费用等进行规范化的管理。

3.2.3.1 节能降耗精细化管理

节能降耗的精细化管理，就是在平时工作中"精、准、细、严"地把握每一个环节，培养节能意识、划分节能职责、建立节能制度、控制节能成本，实现节能降耗从随意化到规范化、从经验型到科学型的转变，在管理中实现标准化、制度化。完善节能降耗岗位责任制，明确各个岗位在节能降耗上的责任，实现节能降耗任务目标的数字化、表格化。在细化措施基础上，建立激励和约束制度，将节能工作纳入日常管理和考核范围。

对企业用电、用水、用气情况定期进行统计分析及对比，分析耗费原因。定期公布企业用水、用电、用气情况，让职工潜意识里有节能的概念。如果通过大家的实际行动使能耗降低，可以实行适当的奖励，同时对消耗过量的行为进行批

71

评和处罚。只要有了节能低碳的概念，员工都会慢慢从点滴的身边事做起，逐渐达到节能环保的效果。

3.2.3.2　完善低碳体系

在电力企业后勤系统低碳转型的过程中，需要对观念政策进行完善，促进转型的有效开展。因此，国家应当促进低碳体系中法律法规的完善，电力企业需要促进自身低碳机制的完善，形成健全的低碳法规体系，提高后勤保障力，为电力企业的可持续发展提供动力。

促进电力企业后勤系统的低碳转型，需要加强碳资源的管理工作，有效利用碳资源，增加企业的经济效益和环境效益，为企业的发展增强竞争力。如电力企业针对温室气体进行核查，对温室气体的排放情况进行了解，明确减排的方向，并且制定相应的减排方案，对温室气体排放采取量化排放方式。如在 2022 年我国出台的《企业温室气体排放核算与报告指南　发电设施》《企业温室气体排放核查技术指南　发电设施》，对重点排放单位的温室气体排放量及其相关信息、数据质量控制计划进行全面核实、查证，对于规范发电行业碳排放核查具有积极意义，促进节约型、环保型电力企业的构建。

3.2.4　宣传教育常态化

在电力企业后勤系统低碳转型的过程中，企业应当加强后勤人员的宣传和教育工作，常态化宣传低碳节约的重要性、紧迫性，营造节约氛围，使广大职工了解政府及单位节能降耗的目标和任务，增强做好节能降耗工作的使命感，使后勤工作对电力企业广大干部职工行为方式的管理与引导向自觉主观行为发展。

传播相关的政策、法规和标准规范。对现阶段我国企业发展面临的资源和环境问题进行分析，对资源节约、环境保护等重要性进行宣传。同时加强对企业资源和环境政策的宣传。使广大职工了解和掌握节电、节水、节油、节材等节能知识和基本技能，养成"人人讲节约、人人会节约"的良好习惯。

发挥媒体作用，对电力企业的内部报刊、宣传窗、网站等进行有效利用。对节能减排，低碳经济、方式和技术进行宣传，树立典型，发挥榜样的作用，对好的经验进行推广，构建良好的低碳发展氛围。如企业在运营的过程中，优化能源消费结构，对清洁、绿色可再生能源进行利用，加强企业产业的优化调整，促进低碳排放产业的发展，加强非化石能源的开发，有效开发和利用新能源。

张贴提示标识。在公共场所、电源开关及用水器具上加贴"请随手关灯"和"节约用水、用电"等提示性的标识，促进电力企业人员低碳环保意识，能够自觉地做到低碳环保，节约资源，保护环境。广泛开展节能降耗的宣传活动，增强节能降耗的意识。

开展体验能源紧缺等形式多样和内容丰富的宣传活动，引导广大干部职工正确理解节能降耗活动，增强节约能源的紧迫感和责任感。定期开展"节能宣传周""节能宣传月""地球一小时"活动。

3.2.5 后勤技术科学化

首先，加强网络和信息化技术的利用。电力企业应当加强自身网络系统的构建，通过网络对后勤资源进行补充，实现后勤关系的信息化升级，实现低碳策略。

其次，采取绿色运输技术。电力企业在运输的过程中，可以利用现代化定位技术对运输需求进行预测和分析，并且制定最佳的运输线路，对资源进行优化配置，合理利用运输能力，实现运输过程中的低碳。

再次，采取绿色包装技术。生物降解塑料具有很大的发展潜力，是一种良好的绿色包装材料。在自然环境中，生物降解材料能够自行降解消失，不会对环境产生影响。大多数的涂料或者电镀液自身具有毒性，在生产工艺过程中产生相应的废液和废渣，难以进行循环利用，给环境带来很大的污染。

最后，采取绿色存储技术。在电力企业发展的过程中，后勤系统的低碳环保，需要做好相应的存储工作，仓库的布局应当合理，过于密集的布局造成运输次数的增加，增大资源的消耗；布局过于分散造成运输效率的降低。因此，在存储的过程中需要进行相应的环保评估，对其进行科学合理的规划，采取现代化技术进行合理的布局和分布。同时重视运输方式的选择，根据运输物品的性质选择合理的交通运输工具，实现低碳环保的目标。

第 4 章

多元系统共治，聚势赋能低碳

4.1 低碳理念引导后勤管理模式

能源是经济社会发展的重要物质基础。改革开放以来，我国能源行业快速发展，已成为全球最大的能源生产国、消费国，有力支撑了经济社会发展。但是，我国能源结构长期以煤炭为主，油气对外依存度高，是全球最大的碳排放国家，能源清洁低碳转型要求紧迫。习近平总书记提出"四个革命、一个合作"能源安全新战略，为我国能源发展指明了方向，开辟了中国特色能源发展新道路。遵循习近平生态文明思想，积极应对碳排放带来的全球气候变化问题，坚定不移推进绿色发展，加快构建清洁低碳、安全高效能源体系，持续推进碳减排，引领全球化治理行动。

4.1.1 低碳后勤理念

中国作为一个人口大国，提出了绿色发展、建设资源节约型社会的总策略，强调社会经济的发展应注意转变发展方式，推进节能减排。近期国家发展改革委等部门印发了《促进绿色消费实施方案》的通知，鼓励行业龙头企业和大型国有企业，在绿色电力方面发挥示范带动作用。基于此，电力企业在能源管理方面应基于低碳发展理念，开发与利用新能源，加强节能技术的开发，从而推进后勤保障的可持续发展。在生产生活中，应以降低能源消耗为目标，基于低碳节能的指导思想，将绿色环保贯彻到具体的工作中。此外，在引入新能源的过程中，应做好低碳理念的宣传和教育，增强全体员工的低碳意识，从而内化为个人的行为，为后勤能源管理工作的顺利开展提供条件。

4.1.1.1 绿色后勤模式

"努力建设保障打赢节能减排战争的后勤"即代表着电力企业后勤要在国内外先进企业群体中处于领先位置，注重"低碳后勤"的构建，努力做到国内一流、国际领先；"努力服务低碳化建设的后勤"即公司后勤要以为公司的节能减排建设服务为根本目标，推进后勤保障各项工作质量的提升，加强公司后勤的一体化建设，形成"后勤体系"的整体格局；"努力建设向低碳化转型的后勤"即公司后勤要积极引入高新信息技术，努力建设"智慧后勤"，以智能化的技术手段达到"后勤不后"的提前服务目标。低碳后勤其管理模式应包括后勤组织架构，后勤保障的主要内容、主要方式和手段等相关内容。随着社会的不断发展与进步，国内企业的管理机制也逐渐走向成熟。尤其是对于电力企业来说，经济管理是其企业管理中重要的内容之一；特别是在市场经济的模式下，有些公司想要提升自身的发展速度，就一定要改变原有的观念，提升对经济管理的重视程度。在新经济形势下，电力企业要营造良好的经济管理环境，改善服务的效果，提升企业自身的品牌影响力。在编制预算的过程中，要结合我国的法律法规及公司的客观需求，降低其他因素的干扰。

4.1.1.2 后勤管理思路

牢固树立"能源转型、绿色发展"理念，加快电力企业发展，加大技术创新，推动能源电力从高碳向低碳、从以化石能源为主向以清洁能源为主转变，加快形成绿色生产和消费方式，助力生态文明建设和可持续发展。建立信息化管理平台，可以保障后勤部门实现跨专业、跨部门的相关协调工作。应用实践后，可以打通后勤服务沟通协调屏障，对提高服务效率、加强服务能力、辅助绩效考核、缓解推诿情况等给予有力支撑。通过任务分类、过程监管、信息跟踪，可以保障后勤高质量服务的及时性和全面性。借助大数据飞速发展的东风，将信息技术与后勤专业技能有机结合。后勤、电力、信息三方经过一段时期的磨合，后勤信息化管理将对组织机构进行合理化配置，对绿色后勤进行全面服务、对部门预算进行精确把控，以达到高效运转的后勤管理目标。只有通过后勤信息化精细管理手段才能解决当前绿色后勤安全运行、节支节能、修缮维修、餐饮服务、被服管理等面临的困境。以"一个平台、多个模块、分步建设"为指导思想，建设能互联互通，实现能信息共享的信息化管理平台。通过信息智能手段，公司后勤有望做到降低后勤运行成本、保障设施设备安全运行、减少电力企业能源消耗、提升后勤服务响应效率、实现节能减排，降本增效，提高员工满意度的目标。在电力企业日常的经营过程中，企业务必要透彻地研究企业经济管理的相关问题，调整现有的经济管理思路，对企业的成本开支进行全面的管控，通过开展市场营销推广本活动促进企业健全自身的经营管理体制。总的来说，电力企业一定要确保公司成本管控的效果与质量，以科学的配置方法及管控手段来控制成本的支出，对自身的经营状况进行全面的管控，从而尽快实现自身的发展任务。另外，要不断地调整并优化自身的资金组成情况，以科学高效的方式来配置各项资金为目标。从市场营销角度来说，要严格地遵循国家相关的电力销售政策，实现公司的营销目标。

4.1.1.3 能源管理长效制度

制度是电力企业后勤部门开展低耗管理的重要基石与保证，也为新能源技术开发提供了制度支持。企业的后勤管理工作机关应当结合具体情况和特点建立切实可行的管理制度，把责任落实到人，从而形成有效的考评激励机制。首先，提升后勤部领导对新能源利用问题的关注度，并充分发挥电力企业自身节能型建设倡导者的积极作用，重视各项资源的利用，真正将节能管理作为大事来抓，构建多层管理结构；其次，强化目标管理，减少基础能源开支。后勤管理部门应基于往年的水电气支出情况，制定明确的节能指标，将具体的指标分发到各管理部门的手中，并通过分级考核的方式建立奖惩分明的激励机制，从而调动后勤管理部门工作人员的积极性，促使其在实际工作中践行节能低耗理念；再次，引入能源管理体系，实现资源的合理配置。为了有效提高资源的利用率，应对能源管理的内部过程和外部过程进行明确的规定，构建科学的能源管理体系，从制度层面推进能源管理工作的顺利实施。具体来说，应制定科学的节能政策，形成完善的节能机制，实现供水、供电、供暖的商品化管理，可以按面积计量收费，突出能源管理服务性与商品化的融合；最后，要使能源监督管理体系更具备合法性，构建科学的能源绩效评价制度是迫在眉睫的大事，而能源绩效管理体系建立后各职能部门人员既有执行职责的权力，同时又有贯彻和实施指标化管理体系和相应配套规章制度的义务。在推行的过程中也要整理员工的建议并适时作出回应，同时也要对实施的成效作出评价。为合理解决水资源浪费的现象，全体职工、公司内外企业人员等的生活用水及用电情况参照国家统一的收费政策，按年收取，由后勤管理部门进行结算。由此，从制度层面构建后勤能源管理的长效机制。

4.1.1.4　绿色节能意识

首先，加强组织领导，转变思想观念。要想真正意义上转变员工的节能意识，应加强组织领导，将节能工作列入各级领导的议事日程上，增强忧患意识和公司主人翁意识，为新能源的开发与利用奠定思想基础。电力企业可以利用内网、广播站、宣传栏等载体宣传节能知识，结合公司的发展特点，举办节能主题的知识竞赛活动。通过转变思想观念，努力增强职工的节能意识，促进节能管理工作的顺利开展。其次，将节能理念渗透到员工培训环节中，将其纳入教学体系中，并贯穿于员工生活的始终。这样不仅能够让员工掌握节能方面的知识，还拓宽了他们的知识面，对其综合素养的提升有着重要作用。最后，在开展节能低耗建设的过程中，还应组织多种形式的活动，充分利用现代信息技术，借助网络、微信等渠道，大力宣传节能生活理念，推广节能新产品和新技术，营造浓厚的低碳企业氛围。电力企业要根据自己的特色和优势，在科研项目中引导与帮助后勤科研人员进行节能技术改造课题的研发，推动成果的转化和推广，将科研和生产力相结合，推动公司科研部门开发节能领域。此外，还应积极开展能源评估，为政府的能源决策奠定客观、公正的基础，从而实现企业能源管理的系统性和合理性。

4.1.1.5 绿色后勤基础设施

电力企业基础设施建设是一项长远的工作，也是一项复杂的工作。电力企业绿色后勤管理部门在能源管理工作中，应与其他部门紧密配合，积极完善基础设施建设，真正将节能减排工作落到实处。首先，应增加节能改造投资，应用 BIM 技术进行绿色建筑的节能设计。在商务楼、办公楼等场所安装水表和电表，可以推广使用 IC 卡，更好地对收费和指标进行管理。其次，投入人力物力，对耗能较高的设备进行普查与统计，确定具体的耗能指标。再次，后勤部门应结合实际情况制定具体的方案，联合建筑能耗等反馈的情况，制定针对性的节能措施，如对公共浴室清洗机械闸门的设计改变、更新室内给水方式及镀锌管道、调整自动化泵流速和扬程等，同时还应将白炽灯和能耗高的路灯更新为节能灯具。最后，还应指导和促进职工和合作企业全面淘汰高耗能型装置，并适时更换节能型装置，积极推进"绿色照明"工程。

4.1.2 组织管理机制

在组织机制方面，合理配置和安排与工作内容相适应的后勤人员；在集约化机制方面，应推进后勤资源信息的入网管理，加强对后勤运作过程中所涉及的人、财、物、时间的集约管理，注重节约高效，杜绝浪费；在市场化机制方面，应积极响应国家政策号召，利用市场环境下优质的后勤资源提供高质量、专业的后勤服务，减少公司多方非主营业务的负担；在专业化机制方面，应合理设置后勤岗位、打通职称和晋升通道，以吸引专业型人才，同时也应加强对后勤职工专业技能及信息技术的培训；在风险管控机制方面，针对后勤各项业务及后勤管理的相关特点，梳理风险点，并运用合理的手段进行风险评估和预警，从而制定相应的风险管控措施；此外，基于低碳后勤的完整体系，也应注重后勤标准化、智能化、精益化、协同化、一流化的建设与发展；在标准规范方面，应及时梳理相应文件，从而明确在新形势的背景下仍需加以完善或仍留有空白的制度文本，并建立健全。

4.1.2.1 组织架构及职责分工

在对后勤保障组织架构进行分析基础上，本着便于资源集约化管理和业务市场化改革方向，建立了低碳后勤下的各级后勤保障组织架构。电力企业绿色后勤建立定项目、定责任人、定期限标准、定目标－结果的"四定工作制度"，通过强化组织机构和后勤制度来保障该工作任务执行。该工作制度经过几个周期实施，给后勤带来全面改善，包括员工执行力提升、运营效能改善、经济效益提高、满意度持续上升，并因此获得国家和省（市）管理部门的嘉奖。但是制度依托于员工的落实执行，该制度的执行需要电力企业后勤优化组织结构、招纳专业人才、进行绩效考核、落实激励约束手段，以保障"四定工作制度"切实落到实处。

4.1.2.2 组织激励及奖惩机制

加大节能改造投入力度，推广节能技术和壮大后勤能源管理团队，构建完善的奖惩机制。首先，在公司的后勤能源管理中，应重视后勤管理团队建设，不断增强后勤管理节能的思想意识，并针对后勤工作人员的实际状况，根据国家纲要要求，根据电力企业后勤人员的实际，建立具有针对性、操作性的规定，以提高后勤管理的思维能力为主，将节约低耗思想贯彻到每位后勤管理人员的思想中，并从自身的实际工作中内化成为节约低耗的切身经验，以提升后勤管理的科

学化程度，形成后勤管理全员节约低耗工作的良好氛围。其
次，电力企业后勤低碳管理工作包括了用水、用电、办公用
品、车辆油耗等方面，而对这些管理工作的监管，既需要有
后勤企业和公司内部的监管，更要有相应政府部门的监管。
与此同时，后勤能源管理部门还需要受到外部的监管，并在
内外部共同监管下，将后勤能源管理工作提升到更高的水准。
最后，严格执行规章制度，构建科学合理的资源节约绩效评
估制度，上至对领导班子的考评，下对具体实践运行工作的
评价，使后勤节约低耗实现常规化、制度化、规范化管理模
式，并通过奖惩制度和公司各个领域效益进行挂钩，建立浪
费有罚，资源节约激励机制。重视管理机构和制度的建设健
全，与时代挂钩，实行制度化管理，为构建资源节约型社会
环境与友好型社会尽企业应尽的责任。

组织良好的激励机制不仅能够调动员工工作的积极性，
还能为组织发展提供充足的驱动力。低碳后勤组织激励机制
需要从后勤员工的发展、市场化改革动力机制以及激励保障
机制等方面进行分析。公司后勤工作长久以来被作为非核心
业务不受重视，相应的员工配置及待遇也存在滞后现象，从
决策者角度重视后勤工作重要性，把后勤保障业务提升到公
司重要战略支撑高度，使后勤从业人员拥有归属感和认同感；
其次，从人员配备角度，提高后勤工作人员业务素质水平，
为后勤配备专业的人才队伍；再次，打通后勤人员职称评定、
晋升提拔渠道，激发优秀的后勤从业人员的工作积极性。

4.1.2.3 市场化保障及利益分配机制

针对后勤保障供应以及后勤科技成果转化共享，要分别
建立针对公司内部以及市场化的保障机制。面对不同的后勤

保障问题，要充分调动市场的力量进行保障供应，激发市场活力，形成专业化的保障队伍，不断促进后勤保障市场化的良性发展。后勤保障的市场化改革和后勤保障成果的内部市场化共享都需要通过合理的利益分配机制平衡各方利益达到共赢共享。在后勤市场化保障中，既要调节合理的利润空间激发市场活力，又要尽可能保证后勤工作的合理投入，需要建立合理的利益分配机制平衡各方利益；对于后勤保障创新成果内部市场化，同样需要平衡各主体的利益关系，充分激发内部各部门之间的创新积极性和共享热情。

4.1.3　运行管理机制

建立后勤节能运行机制，推动企业的可持续发展。电力企业节能工作也是我国节能减排工作重要的一部分，国家级企业的节约理念对在整个社会上建立节约风尚有着很大的推动和辐射意义。

4.1.3.1　资源集约化管理机制

"集约化"一词起源于经济学，其关键在于"集"和"约"两个字。在后勤领域，"集"即指将后勤运营过程中所涉及的人、财、物等后勤资源进行集合管理，从而实现统一配置，达到"低碳、绿色"的后勤管理模式；"约"则是在"集"的基础上，力求资源配置过程中实现节约、规范、精简、高效，进而构建后勤服务生态，促进后勤的可持续发展，为企业绿色发展的提高提供助力。综合来讲，后勤资源集约化管理即是指通过现代管理技术与方法，整合所有后勤资源进行统筹式管理，以合理分配后勤资源使用，并保证资源利用的充分性，从而达到提高相应工作效率、实现后勤效益绿色发展的目标。

多样的业务设置以及繁杂的任务过程，使得后勤运行管理涉及诸多资源项，如车辆、食材、保洁用品、办公设备等。这些后勤资源往往分属不同的业务领域，因而当前的企业大都采取零散管理的方式。这一方式下，各业务领域后勤资源的管理较难遵循统一的标准和规范，资源管理的效率和效果也都参差不齐，阻碍了整体后勤运营与管理的优化发展。因此，后勤资源集约化管理模式越来越受到各家企业或机构组织的重视。总的来说，公司加强低碳后勤资源的集约化管理有以下几个方面的作用：

（1）有助于形成统一的绿色后勤资源管理规范和标准。

分散管理的模式将后勤资源的管理职责全权交付给了归口的后勤业务部门，各部门按照自身的管理方式与方法对相应的后勤资源进行管理和分配，难免会出现资源管理质量水平参差不齐，部分领域资源利用率和效益性低下从而造成资源浪费等问题。而集约化的资源管理模式本身即包含了对各资源的管理方式和方法在宏观层面形成统一的规范和标准，从而有利于加强对各资源管理的调控，兼顾所有资源的合理利用，同时对资源的监管也可实现统筹控制。

（2）有助于提高绿色后勤资源的利用效率和利用效益。

集约化管理的理念就是通过集中统一的配置以提高资源的利用效率，节约资源，避免出现浪费。因此，在后勤集约化理念的指导下，各后勤业务中，对各资源需求侧，需要分派多少人力、多少车辆，需要分配多少物资、多少资金等可制定完整的策略，真正做到分配资源与现实需求的最佳匹配，从而达到节省资源、提高利用率的目的。此外，资源存在有限性的特征，在当前无法满足所有需求侧的情况下，集约化管理模式可促使后勤资源优先供应给最重要或最急需用资的需求侧，从而提高后勤资源利用效益。

（3）有助于强化绿色后勤管理，适应后勤保障的新模式。

目前，传统的封闭式、自给自足的后勤模式正逐渐被开放式、社会化的后勤模式所取代。由于社会化、市场化的因素加入，尽管减轻了后勤运营的负担，但后勤运营体系变得越发复杂，相应地对后勤运营管理的难度也越见提升。集约化的后勤资源管理模式可为这一低碳后勤建设所面临的挑战提供出路，实现包含自供式、外包式等后勤业务模式的统一有效管理。

（4）有助于发挥人才优势，推动绿色后勤系统实践。

集约化的后勤资源管理模式必然离不开对后勤信息系统的依赖。由此，线上的资源集约化管控过程可交给专业的技术人员负责，从而减轻各项业务相关的基层干部的工作负担，使其工作重心从兼顾线上线下全方位后勤业务流程转移到线下后勤业务质量水平的提升、后勤规章制度的落实等实际工作中，从而从人力资源角度优化后勤发展与建设。新经济形势下，电力企业在对员工培训管理模式进行改革的过程中，可以将以人为本的思想作为切入点。电力企业中所倡导的以人为本管理思想，是以企业员工为根本。人力资源在电力企业的发展过程中占据着十分重要的作用，同时也是电力企业员工培训管理工作的主要针对群体，在当今社会发展背景下，只有坚持以人为本的管理思想，才确保电力企业顺利开展员工培训管理工作。在此过程中，负责对员工进行培训的工作人员要与员工进行充分的沟通与交流，尊重企业中的每一位员工，掌握员工对自身岗位工作的认识及对企业发展的想法，了解员工的真实想法，进而确保员工培训管理工作能够与员工的发展相符合。另外，企业在开展对员工培训管理工作时，要鼓励员工提出对企业的意见。员工是企业一线的工作人员，他们的想法对企业的发展具有举足轻重的作用，管理者要对员工的意见进行认真的分析并及时反馈。除此之外，还要进行相应的评价与总结。要让每一位参与培训管理的员工积极地参与到评价与总结工作中，并针对培训管理工作提出自身的想法与观点。只有这样，才能及时地发现培训中存在的问题与不足之处，并针对相关的问题采取具有针对性的解决措施，在今后的培训管理工作中，将有效地避免此类问题的再次出现。进而不断地提升员工培训管理的效率与质量，为电力企业的发展起到良好的促进作用。

4.1.3.2　精益化、协同化管控机制

"精"即代表在资源、时间方面减少消耗，尤其在资源有限的情况下，以"精"为思想管理安排资源的实际利用，能够有效减少资源的浪费；"益"则代表产出效益；故而"精益"即为在付出少量资源、避免浪费的情况下，创造价值，实现效益。在后勤领域，其管理的精益化意味着不仅需要做到后勤精细化管理，即监测和管理需要细致入微到后勤的每一个操作环节和每一步操作流程，更重要的是要注重后勤运营的效益性和效率性，以尽可能少的后勤人力、经济、时间、物资成本达到尽可能高的后勤服务质量。"协同"需讲究不同种类的资源或个体在作业时的协作性，即协调局部个体组成有机整体来完成某一目标。因而，后勤管理的协同化即在后勤管理过程中，对人、财、物、时间等资源应统筹管理，而不能形成管理孤岛，只注重对某一项资源或某几项资源的管

理，而忽视了其他。需要指出的是，协同化与集约化的区别
在于协同化是强化后勤服务中所涉及的多种资源的协作性，
而集约化则更强调对某一种后勤资源进行统筹后再合理分配
的过程。

4.1.3.3 服务市场化运行机制

（1）现阶段后勤业务开展主要有三种基本方式：

1）自给自足式。即公司本身通过招聘、采购等方式，
提供相应的人、财、物等进行后勤业务开展，这一方式相对
而言较为封闭，但便于管理。

2）外包式。即公司通过招标等方式将相应后勤业务外
包给公司外的其他机构或组织团体，由其承担该项后勤业务
开展，这一方式实质即是后勤市场化的体现，相对其他方式
而言更具开放性，但管理体系较为复杂。

3）混合式。即后勤业务一部分实行自给自足式，而另
一部分实行外包式，或者根据现实情况，进行后勤业务开展
方式选择，混合式通过对前两种方式的结合，可综合发挥两
者优势。市场化，顾名思义，是指在开放的市场中，以市场
需求为导向、竞争的优胜劣汰为手段，实现资源充分合理配
置，效率最大化目标的机制。现阶段，国资国企改革的逐步
深化也进一步加强了国有企业非主营性业务的市场化过渡。
于后勤领域而言，后勤服务的市场化意味着后勤资源或后勤
服务的提供者不再局限于公司内部，而是放开公司壁垒，充
分调动市场环境下的优质资源，通过公开招标、合同签订等
方式确定相关后勤业务具体实施的外委单位，从而由其为公
司或职工提供更专业、可靠的后勤服务。相较于市场化，后
勤服务属地化则具备地理空间上的局限性，即合理调动利用

企业所在地的地方性优质资源提供服务。

（2）电力企业推进后勤市场化改革主要有以下几个方面的意义：

1）减小公司后勤压力。通过市场化改革，实现公司部分或所有后勤服务剥离，后勤工作部由原来的服务和管理两大核心职能变为主攻管理职能，服务职能由于外委公司的加入而大大弱化，从而降低了后勤部的工作压力，因而这一方式与当前后勤任务重、人员少的现实矛盾也较为匹配。

2）加强后勤服务专业化。未采取市场化的后勤服务模式也能够实现专业化，但需要在人员培训、管理、考核，以及物资采购、服务流程设计等方方面面投入较多的成本和精力，换而言之，即需要以高投入换取专业优质的后勤服务。

3）助力公司后勤绿色发展。迎合国家政策要求，体现企业社会价值，树立良好口碑。推进企业非主营业务的社会化剥离是现阶段国家所提出的政策要点之一，公司加强后勤服务的市场化改革即是依法治企的体现。此外，市场化后勤服务模式下，公司可对国家和社会的发展有所助益，如在餐饮方面由原先的自建农场到市场化下的外包采购贫困地区农产品，由此通过扶贫方式体现公司的社会价值，从而在社会赢得良好的口碑，更有利于公司的发展。

因此，随着国资国企改革的不断深入，逐步加强后勤领域的社会化程度，逐步拓宽后勤服务市场化、属地化业务范围，能够为公司节省大量的人力成本和时间成本，同时也使得后勤服务变得更为专业化。小到公司安防、保洁，大到公务用车、职工餐饮、体检，甚至小型基建项目管理等，均可通过市场化与属地化的方式来提高后勤服务的质量，以此实现电力企业"绿色、低碳"后勤目标。

4.1.3.4 专业化运行管理机制

"闻道有先后，术业有专攻"，这句古语在后勤领域也同样是适用的。由于后勤领域涉及面广，包括小型基建项目管理、非生产性房产资源管理、公务用车、职工服务、应急保障等诸多业务，因而所需求的后勤服务管理知识体系也较为复杂，这就要求各后勤业务按照工作量合理设置工作岗位，并科学招聘、配备专业性的人才，从而保证服务的质量和管理的高效。通过对实践中的机制创新、管理创新和技术创新成果进行收集、孵化、试点、推广，不断积累后勤改革经验，提升理论水平，为后勤改革提供理论和技术支撑。

（1）有助于提高后勤资源的利用效率和利用效益。

通过集中统一的配置以提高资源的利用效率，节约资源，避免出现浪费。因此，在后勤专业化理念的指导下，各后勤业务中，对各资源需求侧，需要分派多少人力、车辆，需要分配多少物资、资金等可制定完整的策略，真正做到分配资源与现实需求的最佳匹配，从而达到节省资源、提高利用率的目的。此外，资源存在有限性的特征，在当前无法满足所有需求侧的情况下，集约化管理模式可促使后勤资源优先供应给最重要或最急需用资的需求侧，从而提高后勤资源利用效益。

（2）有助于强化后勤管理，适应后勤保障的新模式。

目前，传统的封闭式、自给自足的后勤模式正逐渐被开放式、社会化的后勤模式所取代。由于社会化、市场化的因素加入，尽管减轻了后勤运营的负担，但后勤运营体系变得越发复杂，相应地对后勤运营管理的难度也越见提升。集约化的后勤资源管理模式可为这一现代化后勤建设所面临的挑战提供出路，实现包含自供式、外包式等后勤业务模式的统一有效管理，减少资源的浪费损耗，提高能效。

（3）加强绿色后勤专业化发展的意义。

专业化的人员必然具备相应业务的处理经验，因此能够规避后勤业务开展过程中的"无用功"，从而提高后勤业务的整体效率。同时，其专业水平也能够大大提高后勤服务质量，从而提升公司对后勤工作的满意度。有利于及时发现后勤运作体制中所存在的问题，从而推进其不断完善。后勤配备专业化人员，可使得其在工作过程中，利用自身所掌握的专业知识，发现后勤业务运作过程中的风险因素或当前仍存在的问题和不足，由此即可及时采取相应的措施加以规避或整改，从而推进后勤体制的不断完善和健全。与打造"国内一流，国际领先"的后勤目标相匹配。"一流后勤"并非仅仅是一个口号，它的实现需要人力提供支撑，因而加强后勤团队专业化的建设即从优质后勤服务、高效后勤管理的层面为公司实现"一强三优"的现代化目标提供助益。此外，专业化信息人才的引入也符合公司现代低碳后勤的构建与发展。

4.1.3.5 成本管控机制

企业成本管理目标应根据企业实际生产经营情况、政府及政策要求以及企业应承担的社会责任进行设定，它决定了整个碳成本管理体系的发展方向，具有导向作用。在碳成本管理体系中，碳成本管理目标是碳成本管理的基础，分为三个层次，即具体目标、协调目标和最终目标。

（1）具体目标。具体目标是对企业生产经营过程中有关碳的各种活动进行具体的目标设定，包括碳核算目标、碳排放目标、碳控制目标以及碳效益目标等，具有多样性、针对性和具体性等特点。

（2）协调目标。协调目标是指通过碳成本管理实现碳成本管理与财务工作的相互配合、可持续发展与保护环境的相互协调。

（3）最终目标。最终目标即实现企业价值最大化。通过执行碳成本管理，提高企业经济效益和生态效益，促使企业不断朝着整体效益最大化目标发展。

综上所述，企业碳成本管理目标具体是指通过实现各部门、各生产流程的具体目标，辅以企业协调目标的不断实施，最终实现企业的最终目标。企业作为一个较为完整的系统，在追求企业价值最大化的同时，也应该承担起对社会和对环境的责任，促进低碳与发展的相互结合，实现绿色与效益的共赢。

4.1.3.6 其他运行管理机制

（1）后勤标准化运行机制。后勤流程的标准化意味着后勤操作步骤的定式，所有后勤服务与管理的过程均按章进行，如此可使后勤服务更为规范、到位，也更便于后勤管理；后勤流程智能化是低碳后勤中低碳后勤的关键内容，即在后勤技术层面和管理层面实现智能化，利用智能创新技术，辅以时效性管理机制，推动后勤流程顺畅。信息化后勤的建设与发展使得部分后勤服务与后勤管理活动从线下逐步向线上转变，而从基础信息化后勤到低碳后勤的演变，则促进了这一过程的进一步延伸，推进了更多后勤领域的智能化发展，此时，信息技术除被用于处理简单的后勤事务管理外，在后勤服务过程提供实时辅助、后勤管理过程提供智能分析决策方面的作用将更为突出。

（2）后勤流程化运行机制。智能化技术的发展引领着社会的变革，同时也引导着后勤领域质的改变，伴随着后勤流程的升级优化。借助后勤信息系统的线上操作管理模式可大大简化后勤流程的复杂性，高新技术的引入为后勤流程提供了智能化的辅助与分析反馈。基于此，以小型基建项目、公务用车及职工餐饮服务为例给出了低碳后勤服务与管理的标准化流程。其中，小型基建项目除实际建设采购、实地考察等过程需在线下进行外，其余如项目审批、可行性研究审批等过程均可通过公司集成化的基础后勤信息系统完成，前期审批过程和建设期间都可以利用大云物移等先进技术提供智能性辅助与决策支持；公务用车除实际的车辆指派、车辆行驶等过程在线下进行，其余用车申请、审批等均可通过系统完成，用车过程中所产生的诸如车速、能耗、路况等实时信息或数据的统计分析以及车辆位置的实时监控则可利用大云物移等先进技术加以实现；职工餐饮服务除实际的按需餐饮配送与制餐、用餐等在线下完成，其余的点餐选购、付款、评价等也都可通过系统实现，大云物移等先进技术可在职工选餐个性化推荐、后期公司饮食偏好分析、食材采购等方面提供帮助。

以餐饮系统为例，流程化运行的餐饮系统可分为八个部分：餐饮预订/点单管理、餐饮就餐管理、账单结算管理、信息发布管理、评价管理、供应商管理、餐饮配送服务管理、个性化推荐管理。主要由五台业务服务器来承接整体餐饮系统的业务运转（见图4-1）。

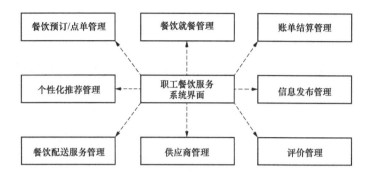

图 4-1　后勤餐饮系统的线上流程化运行

1）局域网结算业务服务器：主要用于餐饮业务的支付金额结算服务，部署 MySQL 数据库作为核心业务数据库，保障在外网无法连接的情况下，满足电力企业食堂内的现场点餐、支付结算、充值业务的运行。

2）前置业务云服务器：用于处理转发来自外网的业务请求，包括 PC 端、App 端、微信端。根据业务数据流转需要及业务流程逻辑应用的需要与不同的 Webservice 进行数据交互。

3）App 应用云服务器：用于承载 iOS 与 Android 的业务 Webservice，还将布置 MySQL 数据库用于存储 App 与微信业务相关的数据，同时会将 App 应用的业务管理后端系统布置在此。

4）微信应用云服务器：用于承载微信应用的功能服务，除了部署微信应用服务外，还将部署 MySQL 数据库作为 App 应用服务器的备份数据库。采用 MySQL 主从同步进行备份。

5）核心数据备份云服务器：用于对局域网业务服务器的核心结算数据进行备份处理。使用 MySQL 主从同步进行备份。

（3）后勤信息化运行机制。在信息技术高速发展的大环境下，为做到低碳后勤管理的精益化，应尽可能地将除线下环节外的其余后勤过程实现上网，通过信息技术和智能感知技术实时监控线上后勤流程全过程，及时排除纰漏。如在前述低碳后勤流程小节所提到的小型基建项目后勤流程，除项目实地考察与建设、物资实际采购等过程需在线下完成外，其余如文件审批、物资用量存量管理等过程均可实现上网操作，并可方便地实现调取显示当前正在进行的流程节点，从而实现线上环节的层层把关；此外，线下环节的精益化管理则需提高基建项目建设的定期阶段性进度、开销等的信息反馈与考察。后勤管理的协同化也需对人、财、物等所有后勤资源实现上网管理，并利用合理手段进行协同分配，对时间的管理也可通过相关技术把控后勤进度和效率等信息。如应急保障方面，在发生断供电等类似的突发事件时，需及时制定相应的检测和抢修方案，明确分派的应急小组数量，并统筹安排每组所包括抢修人员、派遣车辆、维修器件设备等，从而通过协同管理的方式以整体性、系统性的视角对抢修任务作出合理调配。

（4）后勤绩效评价机制。后勤绩效评价的一流化即使公司评价机制与国内外先进机制接轨，使得后勤评价结果更为真实可靠，更能反映现实情况。同时，后勤绩效评价应针对不同的后勤业务领域采用不同的评价标准和评价指标，使得评价结果更具内容适应性。绩效评价是反映后勤质量的重要事后手段，真实可靠的后勤评价结果能够有效揭露当前后勤服务管理过程中所存在的问题，从而加以解决优化，使后勤质量发生质的变化。在一流化方面，积极了解国内外电力企业或其他企业后勤绩效评价的有关内容，吸收借鉴其中有价值、高水平的评价机制，对加强自身公司后勤评价指标的科学合理化建设、提升后勤评价流程的科学合理化建设有着十分显著的促进作用。由于此部分内容后续有专门的章节进行详细分析探究，故在此不再赘述。此外，对各后勤业务应设置对应的评价标准，如后勤餐饮的绩效评价可从职工餐后所提交的评价、厨房卫生、厨师等餐饮工作人员的考勤、食材开销、食材浪费等角度借助低碳后勤下的信息系统和创新技术进行考评分析；小型基建项目后勤过程的绩效评价可从各类文件的审批及时性、项目过程管控的积极性、建成项目与前期计划对比反映的方案审批合理性等角度进行考评。

4.2　规划先行引领节能减排升级

电力企业充分发挥"大国重器"和"顶梁柱"作用，自觉肩负起历史使命，加强组织、明确责任、主动作为，建设安全高效、绿色智能、互联互通、共享互济的坚强智能企业，加快公司向能源互联网升级，争排头、做表率，为实现碳达峰、碳中和目标作出贡献。

4.2.1　能源互联网升级，优化能源配置

"智慧后勤物联管理"平台是基于 RFID、GIS、云平台等技术，将物联网、云计算和移动互联网技术有机结合的综合应用平台。建设"智慧后勤物联管理"平台的关键技术见表 4-1。

表 4-1　　建设"智慧后勤物联管理"平台的关键技术

技术	定义	特点
RFID	一种能够自动识别和跟踪目标的技术。RFID 使用无线射频信号对物体进行扫描，并通过通信网络将数据传输到数据处理中心进行处理，最终将识别到的数据传输到服务器上，形成标签	具有读取速度快、功耗低等优点，适合应用在资产管理方面
GIS	一种空间信息技术，利用电子地图对地理信息进行描述。GIS 系统利用电子地图技术将不同的地理要素叠加成不同的空间，并呈现出三维效果	随着计算机技术的发展，GIS 技术在资产管理方面得到了广泛应用
云计算	一种资源共享和按需分配的计算模式。云计算提供了一种按需使用计算资源的方法，降低了硬件设备的成本和使用要求，提高了系统的灵活性和可扩展性	在智慧后勤物联网资产管理平台中，采用云计算技术可以实现资产数据集中管理，提高数据共享水平
移动互联网	一种新兴的信息技术，利用手机、平板电脑等设备与互联网进行连接。随着物联网技术的发展，越来越多的企业将物联网技术应用到生产生活中	通过将移动互联网和物联网融合到一起，可以实现对资产运行状态的实时监控和管理，从而提高了管理效率和经济效益

　　推进电力企业后勤部门协调发展，建设"智慧后勤物联管理"平台，用于智慧决策、后勤管理、服务保障、物业监控等应用场景。构建物联管理体系，推动"端管云"一体化，从生态、产品、解决方案三方面切入安全布局，突破边缘云、边缘网关、边缘控制器等边缘终端分布式、敏捷性、关联性产生的安全技术瓶颈。同时，打造基于中台的后勤业务数字化运营，基于企业中台完成数据共享和数据分析服务，从"管好数据"和"用好数据"两个方面，实现后勤业务数字化运营、智慧化运营，为电力企业开展全业务、全对象、全过程

后勤管理平台建设工作提供方向性支撑。实现后勤智能设备智慧物联、统一管理，贯通后勤协同数据共享渠道，实现后勤工作"智能感知、数据贯通、平台统一、智慧应用"，推进数字化与新型基础设施的深度融合，更好地服务产业数字化转型与数字新基建工作高质量发展。

加强"大云物移智链"等技术在能源电力领域的融合创新和应用，促进各类能源互通互济，源网荷储协调互动，支撑新能源发电、多元化储能、新型负荷大规模友好接入。加快信息采集、感知、处理、应用等环节建设，推进各能源品种的数据共享和价值挖掘。推动企业信息基础设施网络安全防护工作，提升企业网络安全综合管理能力，对电力信息安全领域的代表性创新应用进行表彰。在信息协同共享、数据融会贯通、设备智能联动、边界防护等领域突破创新，实现对设备的流量进行分析并跟踪、对安全攻击实时监控以及对物联网安全风险进行趋势预测，为后续的物联网安全风险治理奠定坚实基础。

4.2.2　多领域节能提效，提高资源利用

后勤工作要紧紧围绕公司战略目标，适应新形势新要求，加快建设具有安全、法治、共享、智能、人文等新时代特征的新后勤；坚持服务向高质量聚焦、保障向多样化转型、管理向信息化提效，推动后勤转型升级，全方位打造后勤卓越服务力。结合后勤业务实际，提出基于低碳与数字化转型的电力企业后勤保障模式，为进一步推进后勤数字化、低碳化研究提供有力支撑。

4.2.2.1　不断加强房地资源统筹，实现降本增效

电力企业房地资源存在缺口，主要体现在总量短缺、房

地资源不足和房地资源空置、利用效率低下等方面。可用存量土地较少，随着城市建设用地指标的严格限定和当前城市快速发展，土地费用较高。运用 GIS、物联网、大数据、北斗高精度定位、区块链等现代信息技术，以房产 3D 图、CAD平面图为底图，叠加实时视频监控、房产运行状态、房产全链条管控、房产位置分布、房产分层展示图等智慧房产相关数据，构建流程全闭环、业务全贯通、资产全覆盖、状态全感知的泛在物联后勤房产智慧管理平台，逐步形成房产信息库，及时开展增量房产综合分析，合理调配房产使用，实现全口径房产资源盘活利用。

智慧房产系统架构主要包括数据层、管理层、业务层、服务层、可视化层以及与人资、物资等业务系统集成（见图4-2）。

（1）数据层：主要构建地产台账库、房产台账库和附着物台账库。

（2）管理层：主要包括用户管理、权限管理、配置管理、数据管理、政策管理等。

（3）业务层：主要包括地产管理、房产管理、全链管控和数据决策四大业务。

（4）服务层：主要包括可视化数据台账、全流程业务办理、决策支持、统计分析、报表管理等。

（5）可视化层：主要包括 GIS 地图、图层操作、图例展示、地图检索、分层展示等。

（6）业务集成：主要完成与人资、物资、I6000、ISC 等业务系统集成。

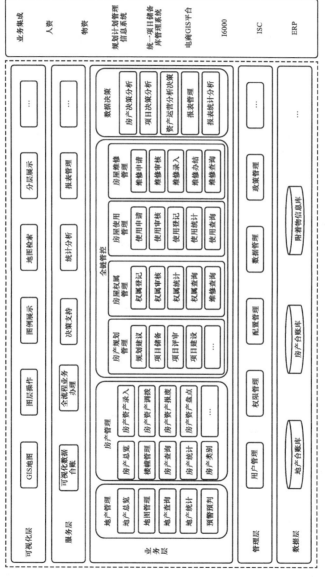

图 4-2 智慧房产系统架构

4.2.2.2 不断升级物业车辆服务，实现创新增效

电力企业需推动物业车辆服务专业化、标准化、精细化管理建设。梳理物业服务标准，做到每项工作有据可依、有章可循；加强业主与服务单位协调，做到反应迅速、处理及时、服务满意；开展物业服务考核测评工作，持续推进物业服务水平提升，为职工创造温馨舒适的工作环境；加大交通安全管理培训力度，严格落实各级交通安全责任制，着重降低道路交通违章频次。

利用感知技术获取车辆的状态信息，并借助无线通信网络与现代智能信息处理技术实现车辆的智能化管理。智能车辆管理系统的体系架构可由 4 个层次结构组成，分别是感知层、传输层、控制层及应用层（见图 4-3）。

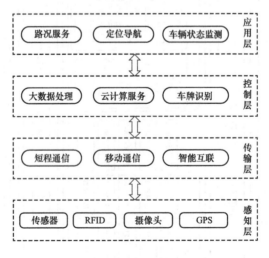

图 4-3 智能车辆管理系统的体系架构

（1）感知层是智能车辆管理系统的基础，主要负责数据

的采集。通过 RFID 技术、GPS、摄像头以及传感器等基础设施的协同感知，实现对车辆位置、朝向、状态参数、车内温度、车速以及里程等关键信息的动态采集。

（2）传输层基于无线通信技术实现信息的交换和实时传输。感知层采集的数据需要经过通信系统上传至计算服务中心，经过分析、加工和处理后，通过通信网络传输到智能终端。传输层不仅可以通过短距离无线通信技术实现车与车之间的通信，还可以通过移动通信技术实现车与人之间的通信。

（3）控制层主要功能是完成对输入输出数据的汇总、分析、加工和处理，为用户提供高效、准确、及时的数据服务。大量的感知信号上传至控制层，通过大数据处理、云计算服务、人工智能算法等，计算和分析大规模的车辆数据，实现网内车辆的实时控制。

（4）应用层是系统的最高层次，通过 Web 应用程序或移动应用程序，可以为联网用户提供不同类型的车辆服务，如车辆状态监测、车辆实时定位、车辆导航以及车辆通信等功能，从而实现对车辆的实时监控。

感知层获取车辆的基础数据，然后通过无线局域网传输到控制层，经控制层处理后进入用户的终端设备，终端设备便可为用户提供各种导航、定位、监控等服务。

4.2.2.3　不断树立健康食堂理念，实现协同增效

推广各级食堂全部达到"健康食堂"标准。广大职工绿色健康饮食要求越来越高，各食堂差异化服务水平有待提升。食堂就餐人次较高，就餐资源较为紧缺，设备老化，不利于人员安全，同时造成能源的浪费。通过综合巡检工作，发现

食品留样及辅材辅料储存环节存在一定隐患，需要进一步加强食品安全管理。

4.2.2.4 不断推动后勤管理升级，实现提质增效

新时期发展战略对后勤专业管理提出新挑战。目前，后勤领域仍存在科技手段应用不多、科技感不够强、信息化管理和服务能力不高等问题。"科技后勤"的建设仍处于起步阶段，缺乏"大云物移智链"等现代信息技术在人员管理、项目管理、工程建设等方面的深入融合，数字化、智能化水平有待进一步提升，围绕能源互联网建设思路，将信息技术广泛运用到后勤管理中，是提升后勤管理水平的关键。

4.2.3 精细化节能管理，着力降碳减排

建立适合电力企业后勤低碳管理的措施和机制。在"双碳"目标下，电力企业后勤管理要调整和转变现有后勤管理传统模式，在企业实现降碳目标中迎难而上，承担起低碳倡导者、传播者和示范者的角色，更加合理地使用企业资源，为企业创造更高价值。在不断提升后勤服务满意度和感受度的同时，积极节能降耗，实现降本增效。

精细化后勤管理，强化的是每一个细节管理。首先要培养员工的低碳意识，在现有各项制度基础上加入低碳节能的规定和条例，在控制成本的同时形成规范化管理和具体操作方式，推动公司办公节能减排。强化建筑节能，推进现有建筑节能改造和新建建筑节能设计，推广采用高效节能设备，充分利用清洁能源解决用能需求。积极采用节能环保汽车和新能源汽车，促进交通用能清洁化，减少用油能耗。

构建能耗管理模式，实现对各个用能环节的实时监测以及能耗数据的分类分项分区统计，开展能效分析及能效优化工作，提升建筑能效管理水平，降低建筑的能源消耗。

4.2.3.1 智慧管控设备，提高监测力度

通过建立智慧能源管控系统，与远传电表、智能水表以及其他末端计量装置对接，集成实时能耗数据，同时对改造增加的机房群控系统数据、室内环境监测数据、运行管理记录进行集成，实现在同一个平台上查看实时能源消耗量、机电设备运行状态、设备能耗使用量等，完善对集成数据的实时监测、数据存储、历史数据查看和导出等功能。同时，通过内置的报警逻辑，可以实现异常运行状态的监测和报警，辅助后勤人员提高运行管理水平。如对空调系统设备定期进行性能监测，监测内容包括冷水机组、空调水泵、空调水输配系统、末端输配系统等。严格控制数据中心机房内除信息设备外的其他用电量。通过采用分布式的网络部署架构，可实现分布式控制、集中式管理，多维度多角度地统一管理，代替人工分析，对生产辅助房屋能耗管理起到辅助决策的作用，推进生产辅助房屋管理项目、管理环节、管理信息精益化。

利用物联网技术对智慧能源管控系统进行设计，将系统划分为采集层、传输层与应用层。物联网在系统中主要发挥监测作用，其中采集层的感知作用最为关键，包括传感器与汇聚节点、上位机等，利用节点的协作关系，将获取的信息通过节点路由进行传输，最终发送到汇聚节点，再利用外部网络发送到控制中心，从而完成对监测数据的采集、传输与控制。智慧能源管控系统功能架构见图 4-4。

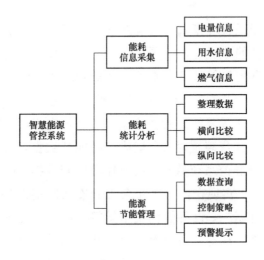

图 4-4　智慧能源管控系统功能架构

4.2.3.2　采用分项计量，提高诊断水平

能耗分项统计管理作为建筑能耗管理的重要组成部分，其对建筑能耗节能管理具有重大的意义。实施分项能耗统计管理为进行建筑节能诊断和节能改造提供准确可靠的数据信息，便于管理者了解建筑内各设备系统的实际用能水平，便于物业管理人员直观评价建筑用能分布的合理性。目前各单位还未配置完善的能耗分项计量系统，因此采用能耗拆分的方法对电力企业相关建筑进行分项能耗统计，依据现有现场线路使用情况进行能耗拆分，细分用电和用水末端分项，并将计量数据纳入楼控系统，便于后续能耗统计和分析。

4.2.3.3　优化评估方式，提高分析能力

根据公司生产辅助房屋的房屋性能分析、能源用量分析、能源资源分析、能源系统匹配分析和能源智慧管控等内容进行定期能耗评估管理，定期评估应分为综合评估和分项

详细评估，对能源系统进行全面分析，形成评估分析报告。生产辅助房屋各系统改造项目完工稳定运行一年后，应进行项目后评估工作，评估周期不应低于每月一次，评估内容应包括能耗测评和设备运行情况评估。对于特殊用能设备，如空调通风分系统及其附属设备，应由专业人员进行维护和保养，保证用能设备处于高效状态。

4.2.3.4　全面建成后勤智能保障平台

全面打造后勤智能保障平台，通过移动互联、人工智能、物联网、GIS 等现代信息技术、先进通信技术，创新工作理念，优化机制流程，改进方式手段，建设业务管理中心、服务保障中心、物业监控中心、智慧决策中心，搭建业务管理系统和服务保障系统，打造具有数据信息融合化、业务管理集约化、全域应用智能化特征的后勤智能保障平台。积极推动后勤业务数字化转型，拓展后勤各项业务应用与后勤智能保障平台融合，建立数据驱动的新时代后勤管理机制与服务保障模式，在保障资源获取与供应、服务需求研判与对接、后勤工作质量管控与提升等方面寻求突破，加快建设需求全面感知、资源可视可控、管理开放共享、服务便捷智能、保障精准有力、决策科学高效的新时代新后勤，推进后勤转型升级，实现高效处理、智能决策、提质增效。

4.2.3.5　加快推进后勤数据智慧应用

加快后勤核心资源信息数据应用，开展房产资源、土地资源、楼宇设备、办公物资、服务设备、公务用车等后勤资产实物"ID"赋码，推动总部与各单位之间信息纵向贯通、横向集成，完善后勤数据中心建设，推动专业典型场景应用。充分利用大数据分析技术，实现后勤业务活动动态监控和分析优化、核心资产集中管理和在线监控，满足多维度智能辅助分析需求，推动后勤资源、业务管理与保障服务融合运用，实现业务活动与保障服务精准对接，提升后勤服务支持、业务管控和辅助决策能力。探索后勤信息数据多维场景应用，逐步开展后勤管理信息系统适应性改造，打破后勤业务与ERP财务、物资、设备等系统的业务信息壁垒，实现跨专业场景应用，支撑后勤资产的"全息管理"。深度挖掘后勤数据资产价值，建设覆盖公司自有资产范围、可用社会资源范围、市场价值信息及工作边界条件信息于一体的后勤大数据信息库，研究数据利用及价值挖掘方式，实现后勤数据价值拓展应用。

4.2.3.6 大力推动后勤移动应用创新

加强后勤业务与先进技术研究融合，加大"互联网＋服务"、移动作业终端和 App 等便捷手段研究，全面推广应用后勤"资源池"、后勤房产地图、公务用车地图、智能后勤App，着力满足职工自助服务、办公运转和物业报修等全方位服务需求。加快后勤移动业务开发应用，完成基于移动互联的职工服务平台本地化应用试点，提高后勤服务智能互动能力，持续推进来客人脸验证出入、手机预约订餐和在线支付、远程视频监控、车载智能监控、BIM＋智慧工地等技术应用。构建新一代公司统一车辆管理系统，拓展绿色出行等移动用车服务，建成智能车辆管理平台。

4.2.4 构建国际共同体，集聚绿色转型

深化国际合作与宣传引导。加强国际交流合作，倡导能源转型、绿色发展的理念，推动构建人类命运共同体。全面践行可持续发展理念，深入推进可持续性管理，努力形成企

业推动绿色发展的国际引领。加强信息公开和对外宣传，积极与政府机构、行业企业、科研院所研讨交流，开门问策、集思广益，汇聚起推动能源转型的强大合力。

实现碳达峰、碳中和，事关经济社会发展全局和长期战略，需要全社会各行业共同努力。要统筹好发展与安全、政府与市场、保供与节能、成本与价格，研究制定政府主导、政策引导、市场调节、企业率先、全社会共同参与的国家行动方案，整体实施、持续推进。

4.3　多方协同共促高效策略实施

当好"推动者"，促进技术创新、政策创新、机制创新、模式创新，引导绿色低碳生产生活方式，推动全社会尽快实现"碳中和"；当好"先行者"，系统梳理输配电各环节、生产办公全领域节能减排清单，深入挖掘节能减排潜力，实现企业碳排放率先达峰。

4.3.1　创新绿色后勤管理

在电力企业发展的过程中，后勤的保障力度对企业的发展有着直接的影响，因此，加强企业后勤系统的低碳转型，促进后勤保障能力的提高，需要做好以下工作。

4.3.1.1　后勤管理的精细化

对管理的内容、方式等进行细致的划分，对工作的任务、采取的方式以及各项权责进行具体化，保证后勤系统中各个层面、环节，每个人员都能够按照标准和要求开展工作。加强定期的检查和考核工作，保证每个人能够履行职责，每个资源能够发挥其作用，促进各项工作的有效开展。

（1）智慧车库管理系统，升级服务指尖化。

具备微信端在线车位查询、入场余位指示功能，通过绑定车辆与员工的身份信息，实现车位引导、一键抬杆，提高公司相关车辆进出场效率，使通行更加便捷。降低管理成本，实现车位智能调度、扁平化指挥。

（2）智慧食堂管理系统，实现结算秒级化。

食堂在为员工提供绿色健康饮食的同时，关联员工的体检信息，推荐套餐方案，引导员工科学用餐。完善食堂跨单位就餐结算系统，整合运用一卡通、人脸识别、二维码支付方式，实现各级食堂结算互联互通，在体验秒级结算的同时开通线上外卖功能，员工可提前通过手机端预订，提升系统员工就餐满意度。

（3）综合能源管理系统，推进楼宇低碳化。

建立 P2P 传输架构下的后勤节能物联网平台模型。通过 P2P 网络对楼宇用能情况进行监测及数据联通，将分户管理、数据浏览、能耗分析、能耗排名、定额管理等纳入平台模型业务构建范围，帮助后勤管理人员快速了解建筑内的能耗情况。基于数字化测量、体现多角度分析等方法，对楼宇电、水、气、冷、热等能源供给、输配和使用进行全过程的监测、分类分项分析及用能分析，提高能效管理的自动化、智能化水平，并能够与楼宇能源控制器、空调自控系统等进行互动，实现楼宇的节能优化。按照分时显示、峰期显示、分项显示。

4.3.1.2　后勤管理的科学化

在企业后勤系统低碳转型的过程中，应当对建设和管理进行重视，树立标准化的管理意识，对企业发展中的资源、费用等进行科学化的管理。如在企业后勤系统低碳转型的过程中，应当加强环境信息的公开措施，企业可以通过年报、可持续发展报告和社会责任报告等，对污染物排放、清洁工作以及环境综合管理等情况进行公开，实现企业和地方之间的互动，促进和谐环境的构建。

（1）实物"ID"管理系统，房产设备可视化。

通过实物"ID"应用，对各类办公资源进行标识、分配、跟踪、维修等统筹管理，优化配置办公室、工位、办公家具和办公设备等，实现办公资源的全生命周期管理。结合可视化技术，对办公土地、房产进行三维建模，在楼宇模型上实现办公设备的详情展现、资源汇总、信息查询等"可视、可控、可管"功能。确保设备安全运行，提升楼内各子系统设备的管理水平。

（2）后勤监控管理系统，辅助决策前置化。

采集内部数据和外部环境信息，以直观的图形界面和多维度分析方法形象展示后勤系统运行情况及能耗监测分析结果，包括对安防系统、消防系统、电梯系统、电气系统、空调系统、新风系统、锅炉系统、车辆系统、门禁系统等各个子系统的运行状况与能耗变化趋势的监测与分析，对各子系统进行风险隐患的评估和预警等，并且可以对异常指标进行进一步分析，为中心决策、专业和改进提供可视化决策辅助。

4.3.2 规范后勤制度建设

制度建设是企业与员工共同执行的行为准则，是"责任担当和权利保障"，是协调企业与员工关系最有效的管理手段。规范后勤制度建设是后勤服务实现规范化、专业化、标准化、数智化管理的重要内容。

4.3.2.1 规划后勤制度体系

在梳理公司通用制度的基础上，盘查现执行的后勤制度规范清单，标注需废除、需修订完善的制度规范目录，规划后勤安全风险、资源管控、工程建设、物业服务、餐饮服务、车辆服务、医疗服务、物资保障等制度建设体系。补充具有一定指导性、实用性、操作性的实施细则、操作手册等，研究出台一些利于后勤经营效益提高、资源高效利用、安全风险防治、数智化联控联防等方面的办法。

在绿色后勤治理的过程中，必须要建立健全的数字化管理制度、岗位职责和实施办法。第一，数字化发展使得后勤新增了数十个信息管理平台和信息机房，应编制相应的操作手册和机房管理制度，如一站式接报平台操作手册、能耗监管平台操作手册、机房人员进出管理办法、机房信息安全管理办法等。第二，对于部门原有的岗位职责、绩效考核制度、员工培训制度、工作流程及应急预案，将其中缺失的数字化内容更新补全。当大家都熟悉流程制度后，信息化管理制度存在的意义并不大，而当遇到上级部门检查、遇到特殊工作流程就需要制度指导。最后，目前后勤管理均处于数字化转型阶段，没有彻底转型完成，因此数字化管理的制度需要不断健全，并随着流程的变化而作出调整更新。即使未来后勤数字化转型成熟，其相关管理制度也需进行定期修订。

4.3.2.2 绿色后勤制度体系落地

绿色后勤制度体系建成后，不能成为"稻草人"，要强化制度体系落地和执行成效，"十分制度建设，九分重在落实"。要进一步细化执行标准和加强引导，为后勤人员提供健全、完善、可操作的标准指引。同时，利用低碳后勤服务系统建设成果，提高执行监督工作效率。运用系统"秒出"的实时信息数据，监测各单位制度执行情况，在制度面前、事实数据面前人人平等，一视同仁，"不开窗、不留门"，坚决纠正有令不行、执行不严、执行打折等行为，扎牢制度监督防线，让数智化信息化的低碳后勤系统成为眼睛和尺子，让制度真正落地见效。

4.3.3 高效利用后勤资源

4.3.3.1 提高后勤资源利用率

按照"统筹管控、集约创效"的原则，全面加强后勤房产、土地、设备、物资、车辆、医疗、人力、资本等资源数据收集统计、汇总分析，加强集中管控和合理调配，提高后勤资源的利用率，让后勤资源利用效益最大化。杜绝资源闲置和浪费，闲置房产可以对外短租经营创收；土地按照性质临时改良成小菜园、小料场、小球场；设备物资灵活机动，哪里需要用哪里；车辆使用做到规范集约，对外租赁经营严格把关；积极筹集医疗资源，帮扶职工健康预防和治疗；"好钢用在刀刃上"，资本用在最需要的地方，最快见实效的地方，应注重后勤人才的培养和锻炼，做到人尽其用。

4.3.3.2 延长后勤资源使用寿命

制定后勤资源管控相关制度规范，明确后勤资源管控责任，按照标准规范使用和维护保养行为，科学有效延长后勤资源的使用周期。后勤资源管控实行单位包干责任制和单位负责人绩效考评制，资源配置、调拨、退运和报废实行公司审批制。房产楼宇设备设施、车辆严格按照公司设备设施全寿命周期管控要求，按计划开展日常维修保养、大修、技改等工作，保证设备设施安全、经济、健康运行状态。

4.3.3.3 挖掘后勤资源潜在价值

利用现代化科技管控手段，挖掘后勤资源在节能减排、提质增效、绿色环保、多功能利用等方面潜在的价值。利用后勤服务创新活动，邀请广大职工积极参与到节能低碳、绿色环保、垃圾分类、变废为宝的公益活动中来，增强环保意识，引导正确合理利用后勤资源。

4.3.4 低碳后勤服务保障

4.3.4.1 低碳后勤数据采集与技术支撑

目前数字化建设主要是发展基本信息设施，通过数据采集器在云端储存大量信息，但是能被后勤看见的数据少之甚少，能被后勤利用、分析的数据微乎其微。低碳后勤数字建设要站在数据的角度预判流程的合理性、改造的必要性、实施的可行性，以辅助管理层作出科学决策。

后勤管理信息管理平台是信息技术的具体表现，是为了实现高质量、快反应精准服务和安全运行的后勤工作的一种信息化管理工具。将后勤管理结合数字治理理论后，便凭借有形的信息软件和数字化设备及无形的网络和大数据、云计算等技术，对公司后勤基本建设项目、改造维修、设施设备运维和后勤服务进行合理预测，同时将后勤服务落到实处。后勤将零散的信息管理平台整合于一个信息系统，从技术层面打通数据与各个平台、各个业务条线间的关系，加强数据分析和研究，加大后勤整体建设和统筹力度，形成信息化办公环境，实现一体化运营模式。

借助公司现有的大数据中心、智慧云、移动办公、电力物联网等软硬件设备系统，按照低碳后勤服务系统设计，委托信通公司及专业服务商开展后勤全专业信息数据的采集、应用软件的研发、资源管控平台和员工共享平台的搭建等工作。建立后勤数据中心，将采集的后勤房地产、楼宇设备、保障物资、工程管理、车辆、客户、健康医疗、餐饮服务、物业服务等信息数据流，汇聚、存储到后勤大数据信息库中。基于大数据、物联网技术，深挖后勤信息数据库中"账—卡—物""动产—不动产""运行—巡检—保养—大修—技改""医疗—饮食—运动"等万物互联的价值链，并将这些决策性、预测性、关键性、关联性的业务信息提炼到低碳后勤数据仓库中，为低碳后勤资源管控平台和员工共享服务平台应用提供决策数据支撑。在 PC 机端搭建低碳后勤资源管控平台，研发房地产、楼宇设备、建设工程、保障物资管控等应用模块和配套移动手持终端，确保与后勤数据中心中的数据仓库信息流实时交互。在手机 App 客户端搭建低碳后勤员工共享服务平台，研发物业服务、餐饮服务、用车服务、健康医疗等功能模块，加强后勤服务系统与客户群的信息共享、交互。深入人工智能等技术应用研发，逐步通过客户的语言、面部表情、肢体动作、生物感应等识别身份和服务需求，强化信息交互，增强客户参与的体验感、舒适愉悦度。低碳后勤系统要预留扩展仓，为以后工程现场无人机巡检、后勤人员 AR 仿真训练系统等接入和融合做好准备。

后勤管理系统集成各专业信息管理平台后，后勤全员统一将信息数据录入系统，如各部门均可以 BIM 模型为载体，上传相关信息，建立一个属于后勤的大数据 3D 档案库，实现信息群岛，做到运维事项可视、可控、可追溯，形成事前预防、事中监督、事后评估的全过程管理。后勤管理系统集成各专业信息管理平台后，可以将后勤服务、后勤运维、后勤办公三方面管理内容集合，并且每个管理模块可以连接多个信息管理平台，通过平台切换实现重点环节管控；通过关联数据，实现员工绩效考核、远程监控管理和突发应急事件处理等。

4.3.4.2 低碳后勤信息安全保障

由于低碳后勤服务系统建设涉及硬件设备运行环境安全、内外部网络安全、软件应用安全、后勤资产数据及客户隐私信息安全等方面，按照国家相关法律法规、行业技术标准和制度规范，建立低碳后勤服务系统信息安全管理体系，所有技术应用完成研发后必须通过专业机构的技术监测和安全评测，确保安全合格后方可上线试点应用。在系统研发、测试、调试、运行期间，持续完善安全手册、程序、作业指导书、检查表格记录等，签订保密协议和安全责任书，开展业务培训和实操训练，规范通信技术操作管理，加强访问权限审核和加密控制，弥补技术漏洞，做好物理技术隔离和备份，提高应对信息安全事件、病毒侵入、恶意攻击等防范风险能力，全力保障信息安全，确保低碳后勤服务系统安全可靠、稳定高效运行。

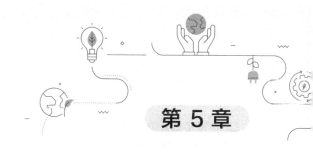

第 5 章

经验萃取凝练，理论总结指导

5.1 布局节能降耗精细管理

以"绿色后勤"为切入点，倡导"节约一滴水、一张纸、一度电、一升油、一粒米"的绿色行动，引导公司上下牢固树立绿色发展理念，为助力碳达峰、碳中和目标提供坚强的后勤支撑。明确职能定位，完善后勤组织，真正发挥实效。鉴于当前电力企业后勤管理边缘化的地位，必须重视后勤管理工作，积极推行精细化的管理模式，以管理层的带头示范使得精细化后勤管理理念深入人心，以思想上的重视带来行动上的落实，实现后勤精细化管理目标的达成。完善后勤组织并进一步明确后勤组织职能定位，制定电力企业后勤管理的长短期计划。例如，电力企业后勤管理部门设置车辆管理小组、广告服务管理小组、绿色管理小组、客户服务小组、安全管理小组、工程保障小组等。其中，客户服务小组又细分为日常客户服务、物业档案管理、综合经营服务管理等小组，安全管理小组又细分为安全保卫服务、消防管理、车辆停放管理等小组，细化职责，真正责任到人，确保后勤保障工作落到实处。不同的管理小组独立运营，但彼此职责有交叉，相互协助与牵制，形成精细化的后勤管理组织。这样电力企业后勤管理工作部署科学、规划合理、责任明确、职责定位清晰，才能真正发挥服务、保障作用。深入开展节能减排，持续推动绿色发展，打造好碳达峰、碳中和实践中的绿色"军需官"。

5.1.1　用电管理

对办公区域和公共区域照明设备进行了解，逐步把灯具、空调等电器改成节能型。以 11 瓦节能灯代替 60 瓦白炽灯为例，按每天照明 4 小时计算，1 盏节能灯 1 年可节电约 71.5 千瓦时，相应减排二氧化碳 68.6 千克，每台台式机每年可节电 6.3 千瓦时，相应减排二氧化碳 6 千克。

（1）每月对大厦各楼层及各直属单位用电进行跟踪统计，加强监管并对大厦用电量进行分层统计、检查通报。

（2）将办公区及居民家属区公共区域照明全部更换为 LED 节能光源。

（3）根据天气情况适时开放中央空调，并严格执行空调运行规定，空调设定温度夏季不低于 26℃，冬季不高于 20℃，提倡下班前早关一小时空调。节假日关闭半数电梯，非工作时间关闭公共用电电源。

（4）定期检查用电线路、用电设施是否有电损，及时更换老化或电损设施，要求各单位新增耗能较大设备，须经后勤部门批准和登记备案。

（5）减少电器用电。使用计算机、打印机、复印机等办公自动化设备时，要尽量减少待机消耗，长时间不用和下班时要及时关闭。提倡职工使用热得快烧水，逐步淘汰高能耗、低效能、不环保的办公设备。气象后勤部门多次下班后突击检查各单位计算机、打印机等设备的关机情况，并进行通报。

5.1.2　用水管理

加强水资源监控工作，及时发现异常耗水情况并予以纠正。在满足基本需求的基础上，切实减少耗水量，减少日常工作中水资源浪费。比如，绿化浇花尽可能使用废水、循环水等。与此同时，大力推广使用节水型设备，如自感应水龙头（比手动水龙头节水 30% 左右）。

（1）加强用水管网和设备的日常检查维护管理，杜绝"跑、冒、滴、漏"和"长流水"现象，做到节约每一滴水。

（2）严控用水。控制各个阀门、龙头的出水量，在满足基本需求的基础上，切实减少耗水量，减少日常工作中的能源浪费。

（3）建立资源节约台账，完善分项计量，制定用水标准，对消耗实时监控，及时纠正异常耗水现象。

（4）强化节水意识，大力推广使用节水型设备。

5.1.3　办公用品节约管理

提倡无纸化/数字化办公、加强公车管理、提倡低碳出行、积极倡导无纸化办公，充分发挥网站、公文处理系统的作用，打印和复印提倡双面用纸，使每一份资源得到有效利用。充分发挥内部网络办公系统的作用，借助智能数字化手段，尽可能无纸化办公，减少不必要的纸张浪费。充分发挥政府采购的政策导向作用，日常办公用品由专人保管，避免丢失和浪费；对计算机、打印机、复印机等办公用品经常进行保养和维护。

5.1.4　车辆油耗管理

随着经济效益不断提升，电力企业公车量、用车需求都在增加。后勤部门对公务需求用车提前进行预测和分析，不断加强车辆使用管理，合理调度车辆，规定同一线路合乘公车，并制定最佳的行驶线路，减少了车辆空驶里程。同时，严控公车私用现象，非工作时间及时召回车辆并停放在指定地点。这些措施每年可节约 15 余万元。电力企业拥有私家车的职工占所有职工数量的 65%以上。据中国传动网节能减排手册数据统计，混合动力车可省油 30%以上，每车每年可节油约 378 升，相应减排二氧化碳 832 千克；科学用车，注意保养，每车每年可减少油耗约 180 升，相应减排二氧化碳 400 千克；员工每月少开一天车，每车每年可节油约 44 升，相应减排二氧化碳 98 千克。

（1）加强车辆使用管理，合理调度车辆，集体公务活动安排合乘汽车，减少车辆空驶里程。落实公务派车审批及登记制度，严控公车私用现象。非工作时间车辆及时召回并停放在指定地点。

（2）严控用油和维修。实行一车一卡定点加油和维修，建立公务用车耗油、维修管理台账，科学核定单车燃油消耗定额，严格每月油耗、材耗统计，在单位内部每季度张榜公布单车油耗情况。

（3）加强对司驾业务技能培训，不断提高车辆管理和驾驶人员的业务操作技能，坚持科学、规范驾驶，降低车辆油耗。

后勤数字化程度取决于操作系统、信息数据的采集范围和网络空间支持。操作系统技术的关键在于对老旧信息基础进行改造和创新。除了对企业提供服务性后勤工作，还可以增加各种后台运维智能化工作。如班车通勤管理平台，对固定班车进行全程监督管理，规范驾驶员安全驾驶和乘客安全事项。还可根据紧急需求进行后台一键调用公务用车、查询公务车当前状态，当用车资源紧张时可与相关部门协调用车顺序。

5.1.5　其他管理

5.1.5.1　绿色后勤，从健康食材抓起

加强餐饮管理在不断提高职工满意度和感受度的同时

积极制定职工健康饮食计划。2022 年，在新冠疫情的严重冲击下，食品价格持续上涨，短暂的物资短缺使大家都更加珍惜粮食，大大减少了浪费。据联合国统计，全球三分之一的粮食和食品在加工、运输和餐桌上被浪费掉，说明其中有巨大的节约潜力可挖。如将现有食堂设备逐步更新换代，使用节能炉灶，这样既环保又安全，每年节约煤气约 10%，倡导合理饮食，按需取用，杜绝浪费现象，减少了餐余垃圾约 10%。为给员工提供健康、绿色、安全的放心食材，通过多方走访调研，现已实现了职工餐厅米、面、油原材料厂家直供，建立放心猪牛羊肉、蔬菜供应渠道；同时给各站安装了水质净化反渗透设备，保障了员工饮用水安全，全面提升了员工的生活质量和幸福指数。可以推出涉及每一位职工的智慧食堂管理平台，除了包含付款方式、点单方式、就餐方式外，还可对物资采购库存、成本核算、就餐率、消费率、菜品追溯、菜品监测、菜品加工、菜品等进行信息化管理，分析出大众偏爱的菜品和套餐，为制定更符合大众口味的菜单提供依据。

5.1.5.2　绿色后勤，从安全环保抓起

为积极响应国家"打赢蓝天保卫战"的号召，贯彻落实《关于拆除 10 蒸吨以下燃煤锅炉》文件精神，公司提出采用空气源热泵替代燃煤锅炉的绿色环保方案，同步推进了柠条塔、接触网大暖改造施工，既解决了环境污染问题，又提高了职工生活舒适度。在大暖施工改造过程中，公司领导多次过问，并亲自前往现场督促施工进度，确保立冬前完成供暖设备改造，为员工提供一个温暖、舒适的工作生活环境。

5.1.5.3　绿色后勤，从服务保障做起

根据每次供电保障任务不同，生产一线保障的线路、人

员、位置等信息不同。在保障任务开始前，后勤保障分住宿餐饮保障、车辆交通保障、医疗防疫保障、后勤物资保障、监督检查、综合协调、低碳后勤技术支持等专业小组与生产部门进行工作对接，并根据后勤保障服务需求制定专业的保障方案。

以线路看护为例，低碳后勤持访问权限，进入公司生产系统访问保障线路的通道号、杆塔号、位置、看护人员、时间等信息，然后与后勤资源信息绑定，制定后勤保障服务标准。物资组要根据杆塔看护的数量、位置，配置野外军用帐篷及配套设施，帐篷带定位功能和 360 度视频监测，帐篷物资投运后其 ID 信息会显示在指挥系统的大屏上，生产部门可以与看护线路进行核对。住宿餐饮组根据定点看护人员的数量，制定三餐菜谱，安排附近的供电所、餐饮公司准备食材和餐饮人员，配置环保一次性餐盒、带温控定位功能的保温箱。供餐时，供餐车的 ID 信息与各餐饮点建筑 ID 的信息绑定，司机根据导航设定到供餐点取餐，专业保温箱装有标准盒餐，装盒餐数量与保温箱信息绑定，驱车按照帐篷定位驶向各线路看护点，要求分段分时送餐，从出餐装车到抵达看护人员取餐地的路程用时不得超过 40 分钟。所有送餐车辆的位置、轨迹及保温箱的温度、车载餐量等信息可以在指挥系统大屏幕上显示。指挥中心还可以通过大屏幕和帐篷监控，查看医疗人员现场巡诊和防疫工作画面。在公司各供电保障单位成立后勤保障督导小组，持移动办公手机终端，进入 App 监督巡查界面，对一线驻点的后勤送餐、住宿、医疗、物资等保障情况进行检查，并将数据上传到公司总指挥部大屏上。指挥中心根据后勤人员手持终端位置信息，实时与监督人员在线视频，了解一线后勤保障情况。

5.1.5.4　绿色后勤，从绿色建筑做起

节能设计对于绿色建筑的重要性体现在有效地节约和利用能源。BIM 技术在绿色建筑中的应用对于建筑节能至关重要。

为了确保绿色建筑的成功实施，可使用 BIM 模型分析电力企业建筑物的自然光照辐射和分布，制定可行的太阳能利用方案，实现对太阳能资源的充分利用。同时，基于 BIM 模型对室内自然采光进行分析，充分利用外部采光，减少室内照明的能耗。在选择和使用节能材料方面，根据电力企业建筑物的功能需求和技术要求，利用 BIM 技术检测电力管网，避免因设计不合理而引发问题。最后，通过将外围结构和热性能参数作为 BIM 建筑模型的输入参数，并使用相关软件计算所需的参数，在室内环境和结构热性能测试方面确保绿色建筑符合相关标准要求。如果设计或实施建设项目不符合相关绿色建筑标准的要求，则需要重新分析和计算建筑能耗（见图 5-1）。

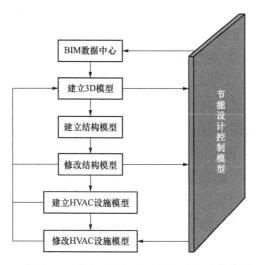

图 5-1　应用 BIM 技术进行绿色建筑能效设计的实施路线

5.2　深化低碳后勤保障措施

目标管理实施过程分为六个阶段：

（1）由决策者设立具有可行性的总目标；

（2）管理者编制目标管理制度、划分目标工作任务、定岗定责；

（3）员工执行各项工作；

（4）管理者对员工工作结果进行考核；

（5）检查、分析、纠偏、调整、改进；

（6）员工目标完成，企业实现总目标。

从目标体系来看，目标管理是由上层指导下层，下层带动上层实现组织目标。

以国家电网公司后勤管理为例，作为管理部门，还要将目标具化成工作任务分解到员工。公司要以目标管理为导向，明确目标和发展定位。后勤作为管理部门，在明确部门目标后（即保障公司生产生活安全有序运行，提高服务水平和运行效率），建立管理制度，为下属员工定岗定责，将目标转换为工作实体。因此，各级各类电力企业应当站在战略和全局的高度，统筹规划、精心组织、分步实施，确保后勤改革的顺利发展和各项工作的有序进行。

5.2.1　解放思想，转变观念

低碳后勤工作目标，就是为了保障公司安全运行，提高后勤服务水平和运行效率，为"节能减排"创造坚实有力的后勤基础。根据目前发展情况衡量，只有通过数字化手段，才能应对这一目标在实现过程中遇到的各项变数和不可预见性。绿色后勤主要是通过"精简人力＋信息技术"实现大量劳动力无法完成的全面的、基础性的工作。如建立一支具备科学管理理念、信息基础知识和专业技术能力的后勤队伍，通过计算机云计算功能收集、监测、共享、分析后勤大数据；通过信息平台建设 24 小时监控设备保障安全；通过信息技术改善业务流程，提升后勤服务效率并改善工作流程。

在进行电力体制改革，进行主辅分离和后勤改革的进一步深化中，必然涉及各方面利益的重大调整，必然会引起后勤职工的思想波动。因此必须高度重视在改革过程中出现的新问题，正确处理好改革、发展和稳定的关系，在推进后勤改革的同时，千方百计保持企业后勤管理稳定、后勤服务稳定和员工队伍稳定，切不可因后勤改革的步骤不妥、措施不当而影响队伍稳定、企业稳定、社会稳定的大局。一定要正确把握改革的力度和员工的承受能力。在改革过程中，要积极工作，步骤稳妥，措施得当。对改革中出现的热点问题，要进行分析和跟踪，把稳定工作、和谐工作做在前面。

实现绿色后勤首先要在思想观念上进行转变。在深化后勤体制改革以及组建集团化战略中，要把转变职工思想观念的工作放在首位。让所有后勤员工甚至全部电力职工明确实施集团化发展的战略，了解深化后勤体制改革的重大意义，明确后勤改革的思路、目的、任务，及时把职工的思想认识统一到领导层面对后勤体制改革的一系列部署上来。要认真做好包括后勤职工在内的广大职工群众的思想工作，切实维护职工的合法权益。要加强宣传舆论工作，注意营造良好的改革氛围。

5.2.2 理清思路，明确方向

在集团公司组建中，要有指导思想及工作重点。指导思想是以公司后勤改革为核心,将各供电分公司后勤一并融入,形成与主业具有强有力的资产纽带关系的集团化公司,并解放思想、转变观念,以改革为动力,以发展为契机,本着"有效性"原则,轻过程、重结果,轻数量、重质量的方针,一要认准,二要认真,始终不渝地坚持"后勤服务"这个中心,对内实行全方位的优质服务,实行商业化运营模式;对外面向市场,自我发展。需建立的战略是抓改革求发展,以发展促服务;以物业管理为龙头,带动其他行业,发展多元化经营,以商业化运营为主线,抓好经营、管理、服务。重点抓好"一个中心,两个突破,三个提高"。一个中心:以公司后勤服务保障为中心。围绕这个"中心",改革经营机构,强化内部管理,强化服务意识,努力做到全方位优质服务。两个突破:一是以绿色物业管理改革为龙头,实现后勤服务的绿色、低碳改革的突破;二是在用人机制上,招贤纳才,广开思路,充实管理队伍和经营队伍的突破。三个提高:服务质量和效率的提高;队伍素质的提高;保障效益的提高。总目标就是坚持绿色发展观念,全面搞好低碳运营,积极做好后勤保障,取得最高、最好、最佳的经济效益。

5.2.3　加强管理,规范运作

在加强后勤绿色管理,规范运作中主要做好三个方面的工作:

5.2.3.1　明晰权利责任

规范各部门的职责,做到"人人有事做,事事有人管"。建立凡事有人负责,凡事有章可循,凡事有据可查,凡事有人监督的机制。物业管理操作经营中的每一个岗位、每一个员工、每一个系统、每一个环节都要有严格科学的管理规范和检验标准，管理和服务工作要更加制度化、程序化、规范化、科学化。为业主创造安全、整洁、舒适、温馨的生活环境。

5.2.3.2 建立绿色后勤健全规章制度

要打造公司品牌，必须以健全的规章制度作为保障，要有一套科学、合理、适应本企业特色的规章制度。包括收费管理制度、考核制度等一整套必备的管理制度，还包括物业管理服务工作程序、投诉受理程序、报修维修程序、紧急事故处理程序，以及配套的人事管理制度、人才培养机制、收入分配制度、财务管理制度等。只有健全这些规章制度并积极落实，才有可能创建一个成功的企业。

5.2.3.3 学习和借鉴

学习借鉴国内外后勤服务业先进的管理理念、管理技术和管理方法，在成本管理、质量管理、资金管理、资产管理、安全管理上，开拓创新，与时俱进，要不断完善竞争机制，形成具有同行业领先和自身特色的后勤服务保障体系。

5.2.4 准确定位，提高素质

人才资源是企业后勤管理经营活动的关键。企业后勤管理是集房屋管理、设备设施管理、办公场所管理、公车管理、公共服务、专业服务、特约服务于一身的管理。它要求从事管理的人员，要有较高的文化素质、思想素质和敬业精神。电力后勤企业分离出的物业管理公司是从后勤生活服务行政体制转变过来的，人才缺失是影响企业生存发展的一个重要问题。因此，分离后的公司培养和吸引高素质的物业管理市场经营管理专业人才是一项非常重要的工作，一定要制定相应的政策措施，努力争取吸引优秀的物业管理市场经营管理人才；同时要加强对现有人员的培训，加强"人才工程"的建设，构筑"人才高地"。

首先要提高员工的业务素质。一方面，内部培训。开展业务知识、专业知识、服务技能学习活动，提高员工业务水平和服务意识。目前对后勤管理人员来说，急需培训工程施工、房产法律、公共关系、计算机网络、社会心理及物业经营管理等方面的知识。操作人员的培训主要以房屋的维护保养、治安保卫、清洁卫生、绿化园艺、设备设施的维修保养、服务技能等。另一方面，外部聘请。即从专业的物业公司请专业知识渊博、实践经验丰富的专家介绍其经验。最后，人才引进。企业应引进部分专业知识丰富的优秀人才补充企业新鲜的活力和创新力，促进企业的发展和品牌的树立。

其次，要重视对员工进行综合素质的培训，诸如员工的敬业精神、主人翁精神、职业道德、工作态度的培训。因为企业经营靠的是人，如果人的素质不高，即使掌握最高的技术也不能为企业发挥出优势。物业管理是为人服务的行业，员工素质的高低直接影响着服务的质量和企业的形象，因此必须予以重视。要培养员工积极向上的乐观态度和对工作、事业的热爱。

5.3 紧扣节能降耗路径方法

5.3.1 顶层设计，谋划节能降耗

坚持人民至上，不断提升品质服务质量。党的二十大报告指出，必须坚持在发展中保障和改善民生，鼓励共同奋斗创造美好生活，不断实现人民对美好生活的向往。高质量发

展要以满足人民日益增长的美好生活需要为出发点和落脚点，把发展成果不断转化为高品质服务。电力企业职工群众的工作生活区域遍布全国各地、条件各异，部分偏远区域及矿、路、站点条件相对艰苦，后勤服务存在不平衡、不充分的情况。在推进绿色后勤高质量发展的进程中，以服务后勤保障为根本宗旨，以群众满不满意作为衡量工作的标尺，跳出传统的服务思维，不等不靠、担当作为，坚持"想事、干事、管事"，用市场化经营理念、现代化服务手段推进后勤服务改革创新，围绕干部群众生产生活保障领域的急难愁盼问题，针对性地补短板、强弱项、固底板、扬优势。作为专业化后勤服务企业，不断丰富服务内容、创新服务方式，在推进企业市场化改革、提升盈利创效及科技创新应用上下功夫，全力谱写了为民情怀的央企后勤篇章。

（1）组织引领、高度重视。以"碳达峰、碳中和"目标为引领，把节能降耗作为构建新发展格局、推动经济高质量发展的重要抓手，贯穿于公司经济发展全过程和各领域。要坚定不移推进碳达峰、碳中和，奋力走好绿色低碳先行之路。

（2）加强统筹谋划。紧紧围绕"低碳、绿色"能源发展新战略，制定能源发展规划、行动计划等，加快构建清洁低碳、安全高效的现代能源体系。

（3）加强目标管理。差异化合理确定各区（县、市）能耗强度、节能量、新上可再生能源等年度目标，并将目标完成情况作为考评各地高质量发展、创建生态文明示范区的重要依据。

5.3.2 压缩流程，注重后勤时效

如业务流程再造理论一般，电力企业后勤管理流程再造

也具有类似特征：

（1）后勤服务性，实现后勤工作领域综合管理。依托信息平台，统一管理后勤范围的维修、食堂、保洁、电梯、被服、空调、供水、供电等工作内容，避免因职能交叉导致推诿现象，尽可能在能力范围内满足各部门的一切需求。

（2）信息智能性，利用信息技术促使后勤管理进行数字化转型。后勤部门建设信息平台完成流转工作；后勤部门建设能耗监管平台完成数据记录工作；后勤部门建设一站式服务平台提升服务效率。

（3）流程便捷性，将传统串联流程转化为并联流程。如被服清洗合同先经初审后，直接经后勤、财务、审计三个行政部门同时审批，最后盖章签订，通过采用并联流程，并联环节越多越能提高效率。

5.3.3 能效管理，提升精细水平

面向国家与能源行业高质量发展需求，广泛聚合全国能源数据要素，大幅提升能源数据互联互通、共享互济水平，全面驱动能源数字产品、运营机制和商业模式创新，在助力政府治理水平提升、推动能源体系变革、促进能源高质量发展等方面发挥重要作用。

5.3.3.1 广泛互联各类能源主体，推动数据资源跨界融合

通过政府主导、多方参与建设的方式，电力企业能够在更大范围内广泛互联油、水、气、电等各类能源主体，推动各类能源数据跨界融合、共享应用。

（1）推动能源数据汇聚。在政府的推动下，公司将逐渐汇聚各类能源数据，实现能源数据可视、可查，推动"业务等数据"向"数据等业务"转变，激发用数据决策、用数据

创新的活力。

（2）推动能源数据共享。依托政府引导与撮合，助力打通能源企业之间的数据壁垒，实现数据资源高效流动、充分共享，推动数据跨界融合，彰显能源数据价值。

5.3.3.2 促进能源数字化转型，助力能源体系变革

电力企业能充分发挥数据在资源大范围优化配置中的作用，促进能源技术与数字技术融合，推动能源清洁低碳转型。

（1）促进多种能源协调互济。公司依托能源数据的汇聚共享，增强清洁能源的大范围优化配置能力，提升清洁能源消纳水平。

（2）促进能源数字技术创新。通过数据技术与能源技术搭建融合创新平台，促进以数据为核心的能源新技术不断涌现，直接支撑能源供给智慧化、能源消费个性化、能源体制开放化、能源技术智能化。

（3）促进碳减排目标实现。可分析各地区用能特点、碳排放特征及趋势，提供更多服务"双碳"的数据创新产品，助力环境治理、碳排放供需对接和重点企业能效提升。

5.3.3.3 提升能源产业附加值，助力能源行业高质量发展

电力企业广泛连接能源产业链上下游多元主体，辐射众多行业，推动构建能源互联网生态圈，激发能源行业价值创造活力。

（1）支撑能源企业服务品质提升。电力企业助力能源企业实施用户画像、需求把握，满足用户个性化、多元化的用能需求，让能源为公众带来实惠。

（2）推动能源数字产业孵化。电力企业通过基础平台汇集多行业、跨区域能源大数据，引入庞大平台用户与多行业生态伙伴，创新产业商业模式，打造开放合作生态格局，加快能源数字产业孵化，激发能源行业数字化新动能。

5.3.3.4　服务政府治理主战场，支撑政府治理能力现代化

电力企业汇聚能源数据资源，挖掘能源数据反映社会运行规律的价值，为政府、公众、行业提供统一的能源大数据服务窗口，全面支撑政府决策。

（1）支持政府治理方式优化。电力企业汇集跨行业、跨区域能源数据，消除能源数据线下统计偏差，增强能源数据的监测预测能力，为各级政府快速及时获取重大决策信息。

（2）支持经济治理能力强化。电力企业发挥能源数据对宏观经济运行的综合分析与精准预测能力，服务政府更加准确分析能源安全、国际形势、产业转型、区域协调等多领域状况。

（3）支撑社会治理手段丰富。电力企业发挥跨界数据交叉分析及相互印证优势，实施安全、环保、民生等关键领域的全图景式动态监测、即时研判、科学预警，将高效服务政府开展社会综合治理。

5.3.3.5　统筹推进电力企业建设，做好协同一体化创新体系

在当前的政策背景与发展形势下，电力企业在能源转型发展中的地位更加重要，应持续深化电力企业建设，发挥能源大数据在能源转型、服务经济社会发展中的价值。衔接好全国一体化大数据中心协同创新体系，统筹推进电力企业建设；加强电力企业与国家"十四五"时期相关发展规划和全国大数据中心建设部署的对接，服务好国家"东数西算"工

程建设，健全政策、组织、资金、人才等保障机制，实现一盘棋式建设发展。发挥智库在电力企业建设中的关键作用，提升能源大数据的竞争力；将能源数据分析能力作为电力企业建设的核心环节，加强与高水平智库机构的合作，围绕"双碳"、政府治理等重点领域，开发一批前瞻性、综合性、具有全国影响力的数据产品，培养高水平数据分析人才队伍，提升电力企业的软实力。同时，应重视优秀案例经验提炼与宣传，扩大电力企业的影响力。及时总结提炼电力企业建设情况、典型经验，谋划远期发展，积极向有关政府部门沟通汇报，整合传播渠道，加大宣传力度，争取政府及社会各界认可，扩大影响力。

5.3.3.6 优化企业数字化技术，绿色治理迈向互联网时代

数字化是对传统信息化技术和工业技术（对能源行业而言，就是能源生产和运行技术）的发展、融合与创新。对传统能源技术而言，它融合了信息技术尤其是互联网、物联网、大数据技术近年的进展，使能源系统能够产生和交换数据，能够跨时空互联互通，能够基于数据进行分析、预测和优化；对信息技术而言，它使信息系统能够突破人工录入数据、记录数据、统计和分析数据等传统的管理信息系统模式，成为与能源技术系统（包括自控系统）在网络上、功能上、数据上全面融合的能源数字系统。因此能源数字化是新一代的企业技术体系。关于数字化，有三点需要指出：

（1）深度融合。数字化的终极目标是实现工业技术和信息技术的两化深度融合，在未来的能源系统中，数字技术或者数字化子系统是能源系统不可分割的一个天然组成部分，就像如今的电力电子和自控系统是电力系统的有机组成部分

一样。

（2）数字化与信息化的关系。有些观点把数字化与信息化对立起来，或者并列起来，认为两者是完全不同的系统，这样的认识是不正确的。数字技术继承和发展了信息技术，从本质来讲，它是信息技术在新时代的一种表现形式。

（3）数据是核心资产。数字化时代，数据是核心，数据是数字化系统的源头，也是数字化系统的结果，只要抓住了数据，无论技术如何变化，供应商如何更替，企业都不会受到根本影响，从这个意义上讲，数据也将成为企业的核心资产。

除了数字化，电力企业后勤绿色能效管理的建设还有一个关键词"平衡"。其实，对能源行业而言"平衡"无处不在：在生产领域，追求的是投入的物料（原料、燃料）与产出物（建筑、办公用品）的平衡；在网络运行领域，追求的是输入的能源与输出负荷的平衡。

平衡就是能源系统在给定条件下的正常运行状态，也是系统运行的核心目标。当条件发生变化时，能源系统就会优化或劣化，直到系统被手动或自动调整适应新的条件，达到新的平衡。因此，优化就是创造利于能源系统降本增效的运行条件与系统资源配置，使系统由一个较低的平衡态迁移到较高的平衡态的过程。以新型电力系统的一个重要组成部分——末端的区域综合能源智能化为例，区域综合能源系统是一个复杂的系统，又有多种分布式能源、储能，电、热、冷、燃气、压缩空气储能等多种能源工质混杂利用数字技术与能源技术包括自控技术的深度融合，实现区域能源系统的"安稳长满优"运行。

5.3.3.7 融合后勤数据治理，提升绿色管理能效

数据治理（Data Governance）是组织中涉及数据使用的一整套管理行为，由电力企业后勤相关部门发起并推行，是关于如何制定和实施针对整个企业内部数据的商业应用和技术管理的一系列政策和流程。

不同的组织对数据治理有不同的定义，我国对数据治理的定义源于国资委在《加快推进国有企业数字化转型工作的通知》，其中对数据治理的描述为"明确数据治理归口管理部门，加强数据标准化、元数据和主数据管理工作，定期评估数据治理能力成熟度。加强生产现场、服务过程等数据动态采集，建立覆盖全业务链条的数据采集、传输和汇聚体系。加快大数据平台建设，创新数据融合分析与共享交换机制。强化业务场景数据建模，深入挖掘数据价值，提升数据洞察能力"。目前国内通常认为数据治理是一个广义的概念，包括了数据规划、组织、架构等管理以及数据工具与平台的集合，核心是对企业数据进行有效管理和利用的评估、指导和监督，通过一系列的组织、制度活动保障高质量的数据不断创新数据服务，从而实现数据资产价值最大化，为企业数字化转型提供强劲动力，为企业创造数字化价值。

数据治理为企业带来了广泛的应用价值，不仅可以改善数据质量、获得数据地图映射、改善数据管理，还可以降低企业运营风险、降低企业成本、更好地协调企业各部门之间的协作。这些数据治理的实践主要集中在结构化数据方面，通常分为以下三种流派：

（1）分析域数据治理，也称"元数据治理"。其以元数据为核心，目标是理顺数据分析建模过程，提高数据质量，为构

建分析型数据应用提供保障。而元数据主要解决所谓的"数据四问",即我是谁?我在哪里?我从哪里来?我往何处去?

（2）事务域数据治理,也称"主数据治理"。其以主数据为核心,目标是确保业务应用及其集成与交互的顺畅,提高数据质量,降低业务风险。

（3）数据质量驱动的数据治理,即对业务应用、分析应用在数据采集、传输、存储、建模、利用过程中涉及的数据,针对其技术上的唯一性、一致性、完整性等质量特性,以及业务上的准确性、标准化、全面性等质量特性,进行梳理、清洗、检验、维护等治理工作。

从行业现状看,三种数据治理在实践过程中相互有一定的交叉,但目前还没有很好地融合三种数据治理实践,也没有出现对非结构化数据尤其是以时序数据为代表的能源大数据进行治理的典型案例,希望这一局面能够尽快得到改变。未来,建议能源企业多从泛在感知、贴源数据、高效优化、全面智能、仿真与全真等方面入手,设计和落实企业未来架构。与能源技术本身以及信息化的发展历史一样,能源数字化其实也是一个长期的过程,不可能一蹴而就,建议能源企业能够加深认识,抓住重点,搞好顶层设计,逐步建成理想的数字化体系。

5.3.4 协同建设,融合节能转型

5.3.4.1 深化电力企业建设

自从国家大数据战略实施以来,我国大数据中心的建设步伐加快。在能源领域,全国一体化的能源大数据格局初步形成。面对构建新型电力系统、推动实现"双碳"目标的要求和能源清洁低碳转型的趋势,电力企业的重要性日益凸显,

对于充分发挥能源大数据价值、支撑政府治理现代化、推动能源转型、助力能源行业高质量发展具有重要作用。

5.3.4.2　助力能源清洁低碳转型

"双碳"目标下，能源清洁低碳转型进程加速，数字经济的蓬勃发展不断催生各类新业务、新业态。能源大数据本身具备穿透、连接、叠加、倍增等效应，经济社会价值不断凸显，政府、社会、行业对能源大数据分析的高端化需求更加迫切。新形势下，电力企业的属性由单纯的基础设施向资源运营、公共服务、政府决策、生态构建等价值活动的能源数字共享服务平台拓展，正在成为赋能政府、行业、公众的"能源大脑"。具体来看，电力企业的新特征体现在三个方面。

（1）政府治理现代化的服务者。治理现代化更加强调制度体系科学完备、多元主体共同参与、治理手段精准高效，更加依赖制度、人与技术的有机结合。电力企业基于能源数据与多种数据的融合创新，打造能源数据统一共享开放平台，直接服务政府强化经济治理能力、丰富社会治理手段。

（2）能源低碳转型的驱动者。构建新型电力系统需要实现大范围能源资源优化配置和更加灵活的供需对接。电力企业聚合广泛的能源数据资源，通过全局能源数据分析促进多种能源协同共济，为构建清洁低碳、安全高效的能源体系提供重要支撑。

（3）能源数字生态的引领者。能源数字生态发展要依托数字化平台的互联互通和数据要素潜力的充分挖掘。电力企业推动各层级各领域能源数据平台深度关联，扩大能源数字产业发展空间，推动能源数字生态的公共服务与产业发展模式创新。

5.3.4.3　新形势赋予电力企业新特征

立足能源保供大局，顺应时代发展需要，优化调整现有的产业结构、业务结构，不断充实和加强能源央企后勤企业核心功能，紧扣"后勤支撑、成本管控、效率响应、品质服务、幸福生活"，积极开拓新领域新赛道，沿着"新服务、新布局、新机制、新标准、新技术、新动能、新品牌"的实施路径，在建设现代后勤服务保障体系上发挥引领作用。以深化服务供给侧结构性改革为主线，增加多品类服务供给，搭建智能化服务场景，提供智慧便捷服务。面向集团重点发展区域存量项目及新开工项目，坚持内涵外延并重，按照品牌引领项目发展的做法，增加能源后勤市场覆盖面。依托标准化建设，用标准规范服务，推动各类服务提质升级。实施科学运营，提升一体化协同效能，推进后勤管理平台建设，提升服务信息共享度，实现业务可视化、实时化、数智化。统筹发展和安全，把合规管理和风险防控要求嵌入企业生产经营全过程，提升企业管控能力，牢牢守住安全底线。积极落实创新驱动发展战略，深耕细作央企后勤服务实践，推进管理创新、服务创新和新技术推广应用，在品质化、智能化、绿色化上不断取得新成效。

5.3.5　考核监督，助力低碳实施

重视绩效考评，优化人才培养，奠定后勤管理人力基础。要重点关注人才的优化建设问题，并引入有效的绩效考核，以奠定后勤管理的人力基础。后勤管理人员要自觉深入基层，了解基层实际情况，倾听员工真实诉求，积极地做好上传下达反馈工作，提高后勤管理的针对性。电力企业在后勤管理人员队伍的建设中要重视内部选拔，关注管理人员的个体差

异，重视日常培训，使得管理人员熟悉新的后勤管理流程和经营流程，明确考核标准，加强自我约束。后勤管理中的绩效考核必须多方面兼顾，关注战略导向、财务效益、创新能力、服务能力等指标，并不断细化指标考核内容，确保绩效考核的有效性，推进后勤管理的高效化和高质化。总之，电力企业后勤管理工作做不到位，其运营发展就没有保障，其改革发展也将阻力重重，因此在任何时候都不能忽视后勤管理工作。针对当前电力企业后勤管理中存在的几大根源性问题，必须拿出电力企业后勤管理改革的魄力，重视电力企业的后勤管理改革工作，从管理职能的梳理、管理组织的优化到管理流程的再造和制度的优化调整，最后到管理人才队伍的优化建设和绩效考核的细化等，让精细化后勤管理落到实处、取得实效，真正实现电力企业改革的深化。

做好流程再造，加大资源整合力度，制度建设到位。在电力企业后勤管理中也应进行传统流程的改造，以后勤管理流程的优化再造实现资源的有效整合，让后勤制度建设更有保障。电力企业后勤管理中关注企业业务流程情况，利用信息技术进行电力企业组织结构和工作方法的彻底性变革，使得企业组织适应市场发展，实现跨部门的沟通和协作，以后勤管理的主线实现各部门职能的重新组合。后勤管理加强与企业管理及决策制定的联系，建立后勤管理的战略远景，在此基础上建立企业集团目标体系，制定具体的后勤管理实施战略，使得各项战略高效、可控地实施，并及时评价战略实施情况，相应调整战略实施方案。在后勤管理战略实施中始终坚持人本思想，推行精细化与标准化的管理方案，降低电力企业后勤管理成本。按照电力企业管理的实际情况，进行后勤管理职责的分配与落实，防止问题出现后的相互推诿。后勤管理中除了追求管理的规范化与精细化，还必须做到人性化关怀，建立服务体系，实现各类资源的优化整合，为员工提供优质的服务，配合奖惩机制和考核机制，既能激发员工的进取热情，也能对员工的日常行为进行约束，提升后勤管理质量。

第6章

思考未来展望，规划发展方向

6.1 深耕当下，聚焦思考

随着全球气候变化和环境问题日益严重，低碳电力成为未来能源发展的趋势，也是电力企业实现可持续发展的重要途径。通过优化后勤管理、降低能源消耗、提高能源利用效率等方式，可以促进电力企业的低碳转型，为企业带来新的发展机遇，促进企业可持续发展。

6.1.1 困难与挑战

在低碳电力企业的运营中，后勤改革是一个重要的环节。后勤改革不仅可以提高企业的效率和生产力，还可以推动低碳电力企业的可持续发展。然而，后勤改革也面临着一些挑战。首先，后勤改革需要企业投入大量的资源和精力。这包括重新设计工作流程、优化资源配置、提高员工素质等方面。这些都需要企业投入大量的时间和资金，而且需要企业管理层和员工的大力支持和配合。其次，后勤改革需要企业具备一定的创新能力和适应性。低碳电力企业的运营模式与传统企业不同，需要企业不断创新和适应市场变化。这需要企业具备强大的创新能力和适应能力，才能在激烈的市场竞争中立于不败之地。最后，后勤改革需要企业具备一定的环保意识和社会责任感。低碳电力企业的运营需要遵循环保原则，减少对环境的影响。需要企业具备高度的社会责任感，积极参与社会公益事业,树立良好的企业形象。后勤改革是推动低碳电力企业发展的重要机遇,但同时也面临着诸多挑战。只有通过不断的努力和创新,才能实现低碳电力企业的可持续发展。

6.1.2 未来与机遇

能源是工业的粮食,也是国民经济的命脉。能源安全是关系国家经济社会发展的全局性、战略性问题。党的二十大报告指出,立足我国能源资源禀赋,坚持先立后破,有计划分步骤实施碳达峰行动。深入推进能源革命,加快规划建设新型能源体系。党的二十大为我国能源事业的高质量发展进一步锚定了坐标,规划了蓝图。在低碳经济的大背景下,电力企业也开始进行低碳化的改革。这不仅是顺应全球环保趋势的必然选择,也是电力企业实现可持续发展的必经之路。下面从四个方面探讨低碳电力企业的机遇与挑战。

6.1.2.1 后勤改革:低碳电力企业的新机遇

后勤改革是低碳电力企业发展的重要驱动力。通过引入高效的后勤管理,可以优化电力企业的运营效率,减少不必要的能源消耗,降低碳排放。这是电力企业向低碳转型的重要步骤。加快建设新型能源体系既是积极稳妥推进碳达峰、碳中和的内在要求,也是深入推进能源革命、推动经济高质量发展的重要支撑。加快规划建设新型能源体系要以持续夯实能源安全为首要任务,围绕重大科技创新、治理现代化两大关键驱动力,全面与国家现代化经济体系、产业体系和智力体系深入融合。加快构建清洁低碳、安全高效、数字智能、普惠开放为主要特征的新型能源体系。

6.1.2.2 低碳电力：后勤改革的绿色之路

低碳电力是电力企业实现后勤改革的关键。通过采用可再生能源和节能技术，电力企业可以降低自身的碳排放，实现绿色发展。这不仅可以提高企业的环保形象，也可以带来经济效益。加快规划建设新型能源体系的关键在于构建新型电力系统。未来，随着非化石能源的大规模、高比例开发利用，能源体系将发生深刻变革，电力系统在构建新型能源体系中的作用将尤为凸显。构建新型电力系统意味着，清洁能源发电将逐步代替煤炭成为未来电力系统的主体。未来 40 年，能源系统的电力化水平将不断提高，非化石能源发电占总发电量的比重将持续提升。据有关机构预测，到 2060 年，一次能源电能转化比重将达到 85%以上，电能占终端能源消费比重将达到 70%。能源系统电力化水平将迅速提升，非化石能源发电量占总发电量的比重在 2035 年将超过 50%，成为电力供应的主力军。到 2060 年，非化石能源的占比将达到 90%以上，非化石能源电力系统将逐渐呈现深度低碳化的特征。因此，建立新型能源体系的关键是以新型电力系统为依托，逐步形成以清洁低碳非化石能源供给为主体的能源体系。

6.1.2.3 低碳电力后勤改革：促进电力企业可持续发展

低碳电力后勤改革是促进电力企业可持续发展的关键。通过改革，企业可以降低运营成本，提高效率，并进一步推动自身的绿色发展。这是电力企业未来发展的必然趋势。发展是第一要务，绿色低碳转型是必然趋势。"双碳"目标下，经济、能源、环境三者将同步发生重大调整，能源在服务经济社会全局中的功能将进一步拓展，分量也将进一步提升。在此背景下，能源产业要积极服务和全面融入新发展格局。

与此同时，能源转型是经济转型新动能，需要通过电力的高质量发展实现以能源高质量发展支撑经济高质量发展的新格局。在新发展格局下，能源尤其是电力产业带动能力将持续增强，依托新一轮能源科技革命将带来巨大的增量发展空间和全球价值链体系的重新洗牌。

6.1.2.4　后勤改革：推动低碳电力企业的创新

后勤改革是推动低碳电力企业创新的关键。通过引入新的管理理念和技术，企业可以打破传统模式的束缚，实现创新发展。这是电力企业应对未来挑战的重要手段。在新的发展格局下，电力产业链将从当前以化石能源为底色，通过对价值形态、企业形态、循环形态的全方位重塑，演变为以基础创新为基础，以新能源为主体的新型电力产业链。在创造和满足高质量用能需求的同时，实现产业链水平的全链跃升，成为推动经济社会发展的新引擎和新动能。

6.1.3　推广与目标

低碳的推广，给传统后勤服务业开启了新的服务管理模式。后勤服务行业可以通过引入低碳理念优化结构，调整服务形式；肩负起低碳的传播者和示范者角色，承担社会责任和义务，节约社会资源。在不断提升后勤服务品质的同时，又能够节能降耗，是一直思考并追寻的目标，后勤工作还可以在以下三个方面进一步与低碳结合，在节约资源的同时高效率地工作。

（1）全力推进后勤现代化建设，进一步将后勤服务与现代化信息服务高速接轨，运用科技手段，打造智能化后勤服务业务系统，开发研究建立功能完善集物业维保、房产资源、保卫安全、车辆运行等后勤一体化服务信息发布和互动系统。

实现后勤各项服务与职工本人及时人机对话和信息来往，通过系统流程优化后勤管理环节和资源利用，在提升服务效率的同时，节约人力物力，强化综合服务规范化、信息化、时效化和便捷化管理水平。

（2）进一步营造节能氛围，丰富活跃低碳形式，把低碳与实际工作生活联系起来，引导良好的生产生活习惯，从以制度规范人的行为，到人人自觉践行低碳。

（3）使用好可再利用资源。做好中水再利用，减少对自来水的需求量，用于公共区域绿化、打扫冲洗，用于环境管理用水。低碳道路的开启，是我国可持续发展道路的必然结果，是气候变化对人类生活影响下的现实改变要求，是人类生活方式的新走向新潮流，是后勤管理模式改变的必然趋势。作为电力企业的后勤管理，更应该肩负起引导职工、居民实现"低碳"，践行"低碳"，关心"低碳"。后勤低碳模式需要精细化、智能化、现代化，作为后勤服务行业，低碳服务模式还没有形成一套成熟的管理经验，在探索低碳道路的进程中，后勤管理对行为方式的引导，对低碳多样化实现等，在理论和实践上还需要进一步深入探索。具体目标为：

6.1.3.1 加快能源利用绿色低碳转型

（1）着力推进终端用能电气化。推动电力企业终端用能以电力替代煤、油、气等化石能源直接燃烧和利用，提高办公、生活用能清洁化水平。电力企业实施供暖系统电气化改造，结合清煤降氮锅炉改造，鼓励因地制宜采用空气源、水源、地源热泵及电锅炉等清洁用能设备替代燃煤、燃油、燃气锅炉。推进公司蒸汽系统的电气化改造，以就近分散电蒸汽发生器替代集中燃气（煤）蒸汽锅炉。推进制冷系统逐步以电力空调机组替代溴化锂直燃机空调机组，减少直接碳排放。鼓励逐步以高效电磁灶具替代燃气、液化石油气灶具，推动有条件的公司率先建设全电厨房。

（2）大力推广太阳能光伏光热项目。充分利用建筑屋顶、立面、车棚顶面等适宜场地空间，安装光电转换效率高的光伏发电设施。鼓励有条件的公共区域建设连接光伏发电、储能设备和充放电设施的微电网系统，实现高效消纳利用。推广光伏发电与建筑一体化应用。

（3）严格控制煤炭消费。加快电力企业煤炭减量步伐，做好煤炭需求替代，减少煤炭消费。继续推进北方地区公司清洁取暖，实施"煤改电"等改造，淘汰燃煤锅炉，力争实现清洁取暖全覆盖。因地制宜推广利用太阳能、地热能、生物质能等能源和热泵技术，满足建筑采暖和生活热水需求。

（4）持续推广新能源汽车。加快淘汰报废老旧柴油公务用车，加大新能源汽车配备使用力度，因地制宜持续提升新增及更新公务用车新能源汽车配备比例，新增及更新用于机要通信和相对固定路线的应急保障、通勤等车辆时，原则上配备新能源汽车。提升公司新能源汽车充电保障，内部停车场要配建与使用规模相适应、运行需求相匹配的充（换）电设施设备或预留建设安装条件，鼓励内部充（换）电设施设备向社会公众开放。

6.1.3.2　提升建筑绿色低碳运行水平

（1）大力发展绿色建筑。严格控制公司新建建筑，合理配置办公用房资源，推进节约集约使用，降低建筑能源消耗。积极开展绿色建筑创建行动，对标《绿色建筑评价标准》（GB/T 50378），新建公司建筑全面执行绿色建筑一星级及以上标准，鼓励大型公司建筑达到绿色建筑二星级及以上标准。公司积极申报星级绿色建筑标识认定，强化绿色建筑运行管理，定期开展运行指标与申报绿色建筑星级指标比对。完善绿色建筑和绿色建材政府采购需求标准，在政府采购领域推广绿色建筑和绿色建材应用。加快推广超低能耗建筑和低碳建筑。

（2）加大既有建筑节能改造力度。以提高建筑外围护结构的热工性能和气密性能、提升用能效率为路径，实施公共区域既有建筑节能改造。对建筑屋顶和外墙进行保温、隔热改造，更新建筑门窗。推进绿色高效制冷行动，重点推进空调系统节能改造，加强智能管控和运行优化，合理设置室内温度，运用自然冷源、新风热回收等技术。充分利用自然采光，选择智能高效灯具，实现高效照明光源使用。

（3）提高建筑用能管理智能化水平。鼓励将楼宇自控、能耗监管、分布式发电等系统进行集成整合，实现各系统之间数据互联互通，打造智能建筑管控系统，实现数字化、智能化的能源管理。通过运用物联网、互联网技术，实时采集、统计、分析建筑用能数据，优化空调、电梯、照明等用能设备控制策略，实现智慧监控和能耗预警，提高能源使用效率。推动有条件的公司建设能源管理一体化管控中心。

（4）推动建筑绿色化。推进电力企业后勤集约化、高密化，稳步提高数据中心单体规模、单机架功率，鼓励应用高密度集成等高效IT设备、液冷等高效制冷系统，因地制宜采用自然冷源等制冷方式。例如推动存量"老旧"数据中心升级改造，"小散"数据中心腾退、整合，降低"老旧小散"数据中心能源消耗。新建大型、超大型数据中心全部达到绿色数据中心要求，提升绿色低碳等级，发挥示范引领作用。

（5）提升电力企业绿化水平。发挥植物固碳作用，采用节约型绿化技术，提倡栽植适合本地区气候土壤条件的抗旱、抗病虫害的乡土树木花草，采取见缝插绿、身边添绿、屋顶铺绿等方式，提高单位庭院绿化率。

6.1.3.3 推广应用绿色低碳技术产品

（1）加大绿色低碳技术推广应用力度。开展绿色低碳技术集编制和应用示范案例征集，推进线上示范案例库和绿色低碳技术网络展厅建设，充分展示新技术先进性和适用性。推动公司参考技术集和案例集，结合实际进行应用，提升绿色低碳技术的推广应用实效。

（2）大力采购绿色低碳产品。严格执行节能环保产品优先采购和强制采购制度，带头采购更多节能、低碳、循环再生等绿色产品，优先采购秸秆环保板材等资源综合利用产品。在物业、餐饮、合同节能等服务采购需求中，强化绿色低碳管理目标和服务要求。

（3）积极运用市场化机制。持续推进公司节能市场化机制运用，鼓励公司采用能源托管等合同能源管理方式，调动社会资本参与用能系统节能改造和运行维护。实施过程中，委托专业机构开展能源审计，依据审计结果及时采取节能降碳措施。公司重点用能单位加大运用合同能源管理的力度。鼓励有条件的企业以适当的方式参与碳排放权交易。

6.1.3.4 开展绿色低碳示范宣传

（1）加强绿色低碳发展理念宣传。将勤俭节约的优良传统与绿色低碳生活的现代理念有机结合，围绕绿色低碳有关工作，创新宣传方式，提升宣传实效，树立公司绿色低碳宣传品牌。以全国节能宣传周、绿色出行宣传月等为窗口，充分利用公司自身宣传终端，面向全社会宣传简约适度、绿色低碳的生活方式，探索运用碳普惠等模式，引导公众践行绿色低碳生活方式。

（2）深入开展资源循环利用。加快健全废旧物品循环利用体系建设，鼓励在机关、学校等场所设置回收交投点，推广智能回收终端，加强废弃电器电子类资产、废旧家具类资产等循环利用，鼓励有条件的地区实施公物仓管理制度。发挥公司表率作用，带头减少使用一次性塑料制品。

（3）持续开展示范创建活动。推动绿色低碳引领行动与节约型企业创建、节约型示范单位创建、能效领跑者遴选等示范创建活动融合，完善示范创建活动指标体系。选取能效利用水平高、单位建筑面积碳排放量低的企业，开展绿色低碳示范，充分发挥示范引领作用。

（4）培育干部职工绿色低碳生活方式。倡导绿色低碳办公理念，引导干部职工自觉践行绿色低碳办公方式。发挥公司生活垃圾分类示范点示范作用，组织开展生活垃圾分类志愿者行动，引导干部职工养成生活垃圾分类习惯，带头在家庭、社区开展生活垃圾分类。抓好公司食堂用餐节约，常态化开展"光盘行动"等反食品浪费活动，实施机关食堂反食品浪费工作成效评估和通报制度。

6.2　对标一流，瞄准规划

随着环保意识的提升和科技的发展，低碳经济逐渐成为全球的发展趋势。在这个背景下，电力企业开始关注并推动

低碳后勤改革。后勤改革是低碳电力企业的一个重要组成部
分，其绿色之路是推动电力企业可持续发展的关键。按照总
部统领、专业管控、协同发展的总原则，通过"六加强、三
建设、两提升"，着力解决制约后勤由分散粗放向集约精益转
变、由封闭运行向开放共享转变的突出矛盾和问题，推动后
勤工作创新升级、高质量发展，建成具有"安全、法治、共
享、智能、人文"时代特征的卓越后勤，为建设电网企业提
供坚强支撑。"十四五"后勤建设发展路径见图 6-1。

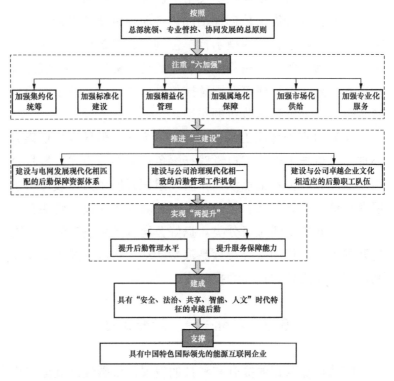

图 6-1 "十四五"后勤建设发展路径图

六加强：在后勤管理方面，加强集约化统筹、加强标准化建设、加强精益化管理；在后勤保障服务方面，加强属地化保障、加强市场化供给、加强专业化服务。

三建设：建设与电网发展现代化相匹配的后勤保障资源体系，建设与公司治理现代化相一致的后勤管理工作机制，建设与公司卓越企业文化相适应的后勤职工队伍。

两提升：提升后勤管理水平，提升服务保障能力。

6.2.1　顶层设计，加强政策引导

统筹制定总体方案和具体措施。出台国家行动方案，明确碳达峰峰值、碳达峰、碳中和实施路径、时间表和路线图。将主要指标分解到各行业、各地区，结合经济发展需求和承受能力，提出重点行业、重点地区梯次碳达峰方案，积极稳妥推进各项工作。

持续节能减排。低碳电力企业的后勤改革应关注节能减排，提高能源利用效率。通过采用节能技术和设备，如 LED 灯具、节能型空调等，降低企业的能耗和碳排放。

支持低碳技术创新。设立专项科研基金，支持能源电力技术创新。支持科研团队建设，培育专家人才。鼓励各类资本进入低碳技术研发领域。

6.2.2　发挥作用，推动国家方案落地

发电企业大力发展清洁能源，加快实施煤电灵活性改造，淘汰不达标落后煤电机组。提升灵活调节电源的比重，建设调峰电源，发展"新能源＋储能"、光热发电，提高系统调节能力。加快碳捕捉、封存和二次利用技术进步，力争尽早实现零碳排放。

用电企业主动响应电力系统需求，及时调整用电行为和

用电模式，积极消纳清洁能源。工业企业加快推进绿色改造，强化余热、余气、余压重复利用，降低能耗、提高能效。

相关行业加大电能替代力度，提升电气化水平。加强自主创新，开发应用低碳节能技术和商业模式，推广绿色交通、绿色建筑，加快构建绿色低碳循环发展经济体系。

拓展循环经济。低碳电力企业的后勤改革应推动循环经济的发展，实现资源的循环利用。通过建立废物回收系统，对废弃物进行分类处理和再利用，减少对环境的污染。

加强监督检查。建立工作考核机制，制定监管措施和核查制度，协调推进各项工作措施落到实处。

6.2.3 自觉行动，绿色低碳生产生活方式

坚持绿水青山就是金山银山理念，积极响应开展国土绿化行动，不断增加森林面积和蓄积量，加快山水林田湖草系统治理，增强自然生态系统固碳能力。

自觉开展绿色生活创建活动，倡导简约适度、绿色低碳生产生活方式，培育绿色、健康、安全消费习惯。

加强员工培训，低碳电力企业的后勤改革应注重员工的培训和教育，提高员工的环保意识和低碳技能。通过开展培训课程和宣传活动，加深员工对低碳电力和后勤改革的认识和理解。

坚持政策支持，低碳电力企业的后勤改革应争取政策支持和引导，包括政府的补贴和税收优惠政策等。通过政策的支持和引导，鼓励更多的企业和个人参与低碳电力和后勤改革的行动。

6.2.4 科学管理，保障后勤绿色发展

需求牵引、统筹协调。按照需求牵引规划、规划引导资

源配置的思路，与公司发展规划相融合，准确把握电力企业绿色后勤建设的需求，统筹兼顾后勤专业特点，加强后勤保障资源体系建设，实现后勤建设和发展的整体优化、协调推进。

依法合规、注重效益。严格执行国家相关法律法规，贯彻公司依法治企的要求，做到用制度管理、按程序办事、依标准服务。落实安全责任制，全面提高后勤工作的安全性和可靠性。树立节俭意识，把压减成本作为后勤节支创效的关键。

科学管控、集约高效。坚持以问题为导向，瞄准后勤精益管理存在的短板，确定后勤管理工作机制建设重点，优化组织体系，健全制度标准，完善信息平台，强化资源统筹保障、合理调配，提高资源利用的效率和效能，实现后勤管理向科学化、精益化转变。

深化改革、务求实效。积极落实好后勤各项改革任务，统筹兼顾与协调各方面关系，维护公司利益，不断推进管理创新，加快建立统筹配置、精益管理、专业分工、资源共享的新模式，更好地发挥后勤工作协同效能。